アイアムア
貨物ボーイ!

貨物列車マニアックス

南田裕介 著
ホリプロマネージャー

KANZEN

はじめに

私は貨物列車が大好きです。

なぜなら、ミステリーに溢れているからです。

私は機関車に乗ったことはありますが、貨車に乗ったことはありません。コンテナを発注したこともなければ、コンテナを扱ったこともありません。

貨物列車の撮影に行っても、貨物列車が来ないことがあります。今日は来ないなと思っていると突如現れます。

タンクコンテナに書かれた得体のしれない名称も気になります。クロロホルム、四塩化珪素、ブタノール……。聞いたことがあるような気はするけど、調べてみると恐ろしく複雑な化学式で、いったい何に使うのでしょう？

北海道から九州までの超長距離列車があります。急坂の峠を越える列車、東京から大阪までを6時間でむすぶ超俊足列車など、個性的な貨物列車がたくさんあります。

掘り下げてていけば貨物列車を引っ張る機関車や貨車もユニークだと気づきます。

貨物駅や機関区には入ることができません。貨物駅の仕事とはいったいどうなってるのでしょう?

そもそも、私たちの生活は鉄道貨物輸送なしでは成り立ちません。私たちの生活を支える貨物列車。その貨物列車を支えてきた鉄道員さん、メーカーの方。

それなのに私たちはほとんど貨物列車のことを知りません。

そこには、壮絶なドラマと創意工夫、いまも進化し続けるエネルギーがあるにちがいない。今回は、そんな貨物列車の魅力と、貨物列車を追い求める旅を一冊に詰め込みました。

果たして、書籍として成立するかどうか。多少の疑問を持ちつつ始まった企画ですが、思いのほか面白く仕上がったと自負しております。

貨物に対する興味、愛、疑問など、あるがまま記しました。ぜひ、お楽しみください。

もくじ

アイアムア
貨物ボーイ!

第1章

吹田貨物ターミナル潜入

関西地方の物流の一大拠点として存在感を放つ吹田貨物ターミナル駅、通称「吹田タ」。もともと関西の貨物ターミナル機能は梅田駅が担っていたが、国鉄民営化の際に、赤字を補填するために用地を売却し一帯を再開発した。その後、貨物輸送拠点を4ヶ所に分散するなかで、梅田駅の機能の多くを引き継いだ吹田タ。関西地区の貨物物流のハブ機能を有しており、関西における貨物輸送の最重要拠点といえる。

憧れの吹田潜入

6月某日。JR東海道本線岸辺駅で待ち合わせ。JR貨物吹田貨物ターミナル駅の助役大山さん[*1]と合流します。

「本日はよろしくお願いします！」

最寄駅の岸辺駅改札は2階にあり、地上に降りるには長い長いコンコース[*2]を歩かなければいけません。一見無機質な駅通路ではありますが、窓の外には吹田貨物ターミナル駅が見えます。貨物駅を上から見る機会はそうそうありません。まずは駅の全景を上からしっかりと目に焼き付けますよ［写真❶］。

写真❶

2013年に開業した吹田貨物ターミナル駅は、構内の長さは

＊1
2008年入社。関西各地の貨物駅等で勤務。前任地は関西支社で営業職を務めつつ指令も兼任。列車や貨物の運行や運用を担当しているからこそのセールスで販路を広げる。今回の案内役。

＊2
英語でconcourse。「人々が集まる場所」を意味し、駅や空港などの施設内での大通路などのことを指す。大きな駅で、新幹線などにつながる長いコンコース周辺には、飲食店や土産物店、コンビニなどが充実していることが多い。無機質なコンコースの壁面をアート展示用に貸し出す試みも積極的に行われている。

＊3
甲子園球場約7個分に相当します。関西で広さを表すときは東

7258m（日本一長い駅）で、構内総面積27・2ha[*3]もあります。

とにかく縦に長い駅[*4]として知られています。東側は大阪貨物ターミナル駅への分岐までが吹田貨物ターミナル駅の構内というので、驚きです。

全国で29番目にE&S方式[*5]が採用されたこちらの駅では、着発線上に荷役ホームがあり、列車が駅に到着した直後に荷役作業を開始し、コンテナを本線上の列車から積卸して、そのまま発車できます。

E&S方式は岐阜貨物ターミナル駅と新南陽駅に初めて導入されたのですが、複雑な貨車の入換が省略できるため、時間短縮とコスト削減を実現しました。

写真❷

秘密の通路を通って吹田貨物ターミナル駅に無事潜入。最初に目に入ったのは大きなコンテナ[*6]と、フォークリフト[*7]でした［写真❷］。

コンテナホームは、東側に3面、西側に2面、合計5面のコンテナホームがあります。西側のホームがE&S方式になっています。

フォークリフトはなんと15台も活躍していま

京ドームではなく甲子園。

*4 7キロと言ったら東京駅ー品川駅間が6・8キロメートルなので京急と交差する鉄橋の少し先くらいまでの距離。

*5 Effective & Speedy Container Handling System。着発線荷役方式。

*6 貨物を入れる容器のこと。船舶、トラック、鉄道などが連携して、送り元から、着荷先まで、コンテナ内の荷物を積み替えることなく、そのまま輸送することをコンテナ輸送と呼ぶ。近年は古いコンテナを使った倉庫やレンタルルームなども人気に。

*7 トラックからの荷下ろし、積み

吹田貨物ターミナル駅で取扱いの多い品目　データは取材時のもの

発送	順位	到着
積合わせ貨物	1位	積合わせ貨物
食料工業品	2位	食料工業品
他工業品	3位	農産品
化学薬品	4位	他工業品
紙・パルプ	5位	化学工業品

す。トップリフターと呼ばれる上から吊り下げる形の車両が4台あり、これは性能も他のフォークリフトとは違って、大きなコンテナもたやすく積み下ろしできます。ちなみにどの車両も周辺環境に配慮して、低騒音型になっています。列車が到着した直後のフォークリフトはてんやわんやの大忙しですがあまり大きな音はしません。

吹田貨物ターミナル駅の取り扱い荷物の内訳は、発送も到着も第一位は「積合わせ貨物」。いわゆる宅配便ですね。第二位は、食料、食料工業品（ビールなど含む）。大阪は一大消費地でもあり、一大生産地であるという特徴が現れています。*8

込みなど荷物の運搬に広く用いられる車両。フォークとは先の爪の形状を指す。その爪を荷物に引っ掛けて持ち上げて運搬する。小回りが利くことなどから、狭い敷地内での荷物の移動などに用いられることが多い。運転するにはフォークリフト運転技能講習修了証を取得する必要がある。

*8
アサヒビールをはじめ大企業の工場が近隣にあることも吹田の特徴のひとつ。

歴史

1923年、この地に吹田操車場が開設されました。東京では目黒蒲田電鉄（現東急目黒線・東急多摩川線）が開業し、鉄道輸送がどんどん力を伸ばしていた時代でした。この時代にコンテナはなく、ヤード式貨物輸送[*9]だったので、貨車を単体でそれぞれ動かしていました。こちらは高槻駅、茨木駅、尼崎駅などから貨車を集めて、貨物列車を組成するための施設でした。当時は東洋一の操車場と言われていたそうで、戦後の復興から立ち直らんとする日本の物流を支える重要な施設として、1947年には昭和天皇[*10]が行幸［写真❸］された

写真❸

＊9 行先がそれぞれ違う貨車がまずヤード（操車場）に集まり、同じ方面の貨車を連結して編成を組み直す方式。各地には大きな操車場があり、物資の一大集積地として栄えた。

＊10 1901〜1989年。明確な記録が残る歴代天皇の中で在位期間が最も長い。生物学研究の第一人者としても知られる。

こともあります。

やがてコンテナ列車が主流となると、各地の操車場は順次廃止となり、ここの吹田操車場も1984年に吹田信号場になりました。つまり、機関車や貨車の仕分けや連結などを行うだけの施設となってしまったのです。

しかし、歴史が大きく変わったのが1987年の国鉄改革[*11]でした。梅田貨物駅[*12]が全面移転することになり、この信号場は貨物ターミナル[*13]に生まれ変わりました。

その際に、地元の吹田市といろいろな制約と配慮の取り決めをしました。新しくできたターミナル駅ゆえ、近隣には昔からお住まいの方も多いとあって、トラックの集荷や出荷などが地域の皆さんの負担とならないように、かなりの配慮がされているそうです。

4つの仕事

＊11
分割民営化とも。巨額の赤字を抱えて破綻に瀕していた国鉄の事業を再生するため、国鉄は115年の歴史に幕を閉じ、北海道、東日本、東海、西日本、四国、九州、貨物のJR7社が発足した。電電公社や専売公社の民営化とともに政府が進める行政改革の柱となった。

＊12
現在の大阪駅の北側、通称うめきたエリア、ここに貨物専用の梅田駅があり、年間200万トンの貨物を取り扱っていた。その駅の敷地を売却し、国鉄時代の長期債務返済にあてられた。梅田貨物駅は2013年3月16日より営業を停止し、同4月廃止。

＊13
梅田は巨大ターミナルだったため、吹田だけでは足りず、残る

吹田貨物ターミナル駅の主な仕事は大きく分けて四つあります。①入換、②信号、③フロント営業、④コンテナの積み下ろし——です。入換は駅構内の機関車の動きを計画する仕事、運転士の目になって機関車・貨車の先頭で誘導するほか、列車を組成したりします。

信号は信号を制御し、ポイント切り替えや進路の構成。また旅客会社と打ち合わせをして運行の計画を行います。

フロント営業はコンテナの積付状態の検査や、荷物の操配、編成通知書の発行などです。

コンテナの積み下ろしは、文字通りの作業で、ジェイアール貨物西日本ロジスティクス[*14]へ業務委託しています。

吹田貨物ターミナル駅は関西の貨物列車のハブ機能[*15]を持っています。遠くから来た貨物列車はこの駅にいったん集まり、こちらで分割され、安治川口や百済貨物ターミナル、姫路貨物や京都貨物などの駅に振り分けられます。

ちなみに、貨物駅のひとつの役目としてコンテナを留め置く役割もあります。実は貨物鉄道輸送の大きな特徴として、安定輸送が挙げられま

2分の1の機能は百済駅が担うことに。

＊14 トラックの免許を持っていなくても、自社の研修センターで構内業務に従事しながら、全額会社負担で免許取得をサポートしてくれる（2年間勤務が条件）。歳を重ねて運転手業務が厳しくなった場合は、センターでの仕分け業務などにペースダウンすることで定年まで安心して働ける環境を整えている。

＊15 自転車のタイヤの中心部のように、中核として機能する役割のこと。

す。これは、「速達性」という利便性と、あとは「配達希望日・予定に合わせる」という定時制という意味です。届け先の都合などで、かならずしも荷物はスピードを必要としていない場合があります。

トラック輸送では荷物を積んだまま2泊も3泊もすることは、トラックがその間稼働できないのでもったいないですが、貨物駅だったら何日もコンテナを留め置くことができますから、配達予定日が近づくまで駅にコンテナを置いておき、希望配達日にしっかりと合わせて届けることが出来るのです。保管コスト[*16]などもかからないですし、これは貨物鉄道輸送の大きな強み[*17]になっています。

新人育成という大事な仕事

吹田貨物ターミナル駅にはもうひとつ大きな仕事があります。それが新人の育成です。

面白い数字があります。

＊16 1週間は追加料金なしで保管可能。

＊17 トラックなどの交通は時間が読めない場合があるが鉄道はダイヤに基づいているので予定通りに届けることができる。

＊18 JR貨物の社員平均年齢は37・7歳（2022年）。日本の大企業の平均年齢は概ね40代前半。それに比べて吹田ターミナ

「29・5歳」

　これは吹田貨物ターミナル駅で働く社員の平均年齢[*18]です。多くの社員を抱える企業としては、うんと若いと感じますし、実際に他の貨物ターミナル駅と比べてもかなり若いほうです。

　新しく入ったJR貨物社員はこの駅に配属され研修を行います。なぜ吹田貨物ターミナル駅が新人研修[*19]の場に選ばれているかというと、この吹田貨物ターミナル駅は標準的な仕事が平均的にたくさんあって、いろいろな仕事が経験できるからです。これは私たちタレントのマネージャーと同じです。新入社員はたくさん出番があるタレントにつきます。その現場で芸能界の仕組みや仕事の流れ、ときにはドラマ、バラエティー、雑誌の取材などを経験し、マネージャーとしての基礎を学びながら成長[*20]するのです。

　JR貨物の新人は吹田で学び、ここから各地に配属されるのです。

　取材に同席していただいていた関西支社総務部広報[*21]ご担当の三宅さんも、新人時代はこの吹田貨物ターミナル駅に勤務していたとか。

「広報の仕事はメディアと現場との間に入って段取りをするのですが、

ル駅の平均年齢の低さが際立つ。

＊19 JR貨物では、プランナー職（総合職）、プロフェッショナル職（社会人・経験者採用）など定期的に採用を行っている。詳しくはwebをご覧ください。

＊20 筆者も新入社員時代は、デビューしたての優香を担当していた。

＊21 社外に向けて経営方針や新商品や新しいサービスのPRしたり、あるいは、社内に向けてお知らせを作成したりする仕事。大きな会社でマスコミが取材をお願いした際に対応してくれるのは、広報部の方であることがほとんど。

こちらで過ごしたことで、ある程度現場の目になって対応できますし、機関区への対応も早くできます」（三宅さん）
駅務の経験はしっかりと、血となり肉となっていました。

コンテナあれこれ

今回は街中ではなかなかお目にかかれない珍しいコンテナにたくさん出会うことができました。

まずは何といってもスケルトンコンテナ[*22]［写真❹］。文字通り外から中が透けて見えるコンテナはふたつあって、1号は窓付きなのに対して、2号以降は檻状で、どちらもコンテナ内部が目視できます。

これは、リフター訓練用のコンテナです。リフトでコンテナを運搬する際、コンテナの中身がどうなっているか、どのような動きをするかを学びます。実際のコンテナの中身はリフトオペレーターには見えませんから、こうやって運んだら倒れてしまう、あるいは壊れてしまう、とい

＊22 このスケルトンコンテナを用いた研修は、各地で定期的に実施され、積載と運搬の腕を磨く。

＊23 コンテナの中身がぎゅうぎゅうに積載されているとは限らない。あまり荷物が積まれていない場合でも、外からは中は見えないのでコンテナによって扱いを変えるわけにはいかない。フォークリフトのオペレーターはこの練習用コンテナを使って、どんなふうに運べば中身にダメージがないかをしっかりと訓練し、正しい技能を習得したことが確認された上で、現場に配置され

写真❹

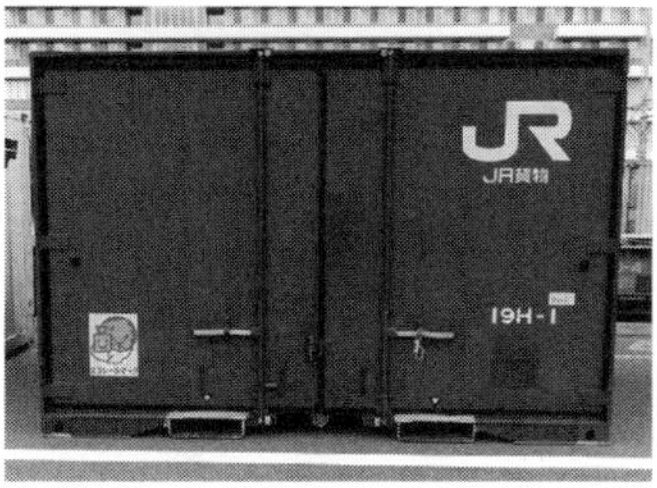

写真❺

う荷物の動きを目で学ぶ[*23]ことができます。本線上で見かけることはないでしょう。逢えてよかった。

そして、19H形式コンテナ［写真❺］。これはひとつだけ生産[*24]された貴重なコンテナです。

普通のコンテナは扉が2方向に開く[*25]のですが、こちらは3方向に開くコンテナです。両開きタイプと側妻開きタイプを兼ねたコンテナとして、試験的に作られたこちらは、荷物の積み下ろしの効率化を考えて作られました。扉が3ヶ所にあるため、積載できる容積が若干減ってしまったことや、さらに強度的な問題などの課題を検証しています。このコンテナは運用に入ることがあるので、もし本線上で発見したら、幸運が3方向からやってくるかもしれませんね。

最近よく見かける冷蔵コンテナ[*26]［写真❻］に

る。

*24 今後量産される可能性がある。

*25 側面両開きタイプ／側面と妻面（線路に対して並行な側が側面、直角な側が妻面）と2方向に開く。

*26 このコンテナは青函トンネルは通行禁止。冷却エンジンが付いているクールコンテナは、危険物が青函トンネルを通過できないのと同様に、安全上の措置から、青函トンネル通行時には火災予防のためエンジンを必ず切る必要がある。通常はGPSで冷却エンジンが切れる仕組みになっているが、このコンテナはその装置がついていないため青函トンネルを通行できない。

写真❻

写真❼

も入れていただいました。

扉をあけると冷風が……と言うより吹雪でした。これは冷えている。一歩中に足を踏み入れると、めちゃくちゃ寒い。寒い！　皮膚が一気に冷えてなんだか不思議な感覚がします。このままここにいるとやばい、と身の危険を感じます。設定温度はなんとマイナス30℃[*27]。どうりで肌も凍てつくわけです。おそらく深呼吸したら肺が凍ることでしょう。このコンテナで冷凍食品などを運搬します。

電源コンテナ［写真❼］も発見しました。このコンテナは荷物を載せるためのコンテナではありません。冷蔵／冷凍コンテナへの電源を供給[*28]するために存在するコンテナです。中には発電機が搭載されていて、いわゆるプラグもついていて、ＡＣ電源もとれる仕様になっています。

*27 この日の外気との気温差はなんと60℃。外から入った瞬間、寒さというより、傷みを強く感じる。氷を置いておいても表面が溶けないので、まるで石みたいな触感だとか。

*28 コンテナの電源には集中電源方式と分散方式とがある。現在は一つひとつに発電機を搭載しているコンテナが主流。

今回同行されていたＪＲ貨物広報の鈴木さんは、２０１９年から２０２１年まで山口県のＪＲ貨物の駅で働いていたそうで、韓国からキムチ[*29]を冷蔵して運ぶ際にこの電源用コンテナを使用していると教えてくれました。また、このコンテナは停電時、災害時の電源供給用としてこの地に置かれています。

最後に現在いちばん新しい20Ｄ形式コンテナ「写真❽」へ。珍しいコンテナで興奮しまくっていたので、オーソドックスな形状を見ると、なんとなく安心します。

写真❽

こちらは従来の19Ｄ形式コンテナに比べ高さが10cm伸びました。この10cmは大きく、これまで従来のコンテナに積み込みきれなかった荷物も積み込める、不可能を可能にすることが出来るのです。その違いが遠くからでもわかるように上部に白い帯が施されています。

中を開けていただきますと、新築の香りが……。コンテナの内部の壁と床にはベニヤ板[*30]が

---

*29 ソウルや韓国国内から鉄道輸送し釜山港から下関港、博多港を船で結び、その後鉄道で日本国内に届けるという「国際フェリー・ＲＯＲＯ一貫輸送サービス」は、12フィートコンテナによる国際複合輸送をしている。「船よりもはやく航空機よりリーズナブルに」がキャッチコピー。この国際フェリー・ＲＯＲＯ一貫輸送サービスは中国（大倉）ルートもある。筆者の好きなキムチ料理はキムチ納豆。

*30 万が一、積み荷が側面の金属に触れると傷がついてしまうためベニヤ板で保護している。

施されています。

天井までの高さは2m35cm。家の天井と同じくらいの高さなので圧迫感は感じません。そして、広さは4畳半ほどでしょうか。私が上京したときに住んでいた部屋よりも広いですね。これに水道とトイレがあったら問題なく暮らせそう。一度でいいからコンテナで生活したいと思うのは私だけでしょうか?

リフトを体験

次にリフトに乗せていただきます。コンテナを積載する様子を、運転席の真横という特等席から見せていただきます。

今回乗せていただいたリフトは、上から吊り下げるタイプのトップリフター[*31]［写真❾］。運搬するコンテナは30フィートコンテナです。

まずは置いてあるコンテナに接近します。ちょうどいいところで上からアームが降りてきます。コンテナを吊り上げるシステムは、コンテナ

＊31
写真はTCM社製のFD300。JR貨物や臨港鉄道線などのコンテナヤードで荷役に活躍する大形ディーゼルトップリフター。総排気量11940cc。低騒音、低振動が自慢で、最大荷重は30t。20ft以上の大きなコンテナを持ち上げることができる。大容量のエアコンを完備しているので、真夏も冬も作業中は快適である。

＊32
この爪はツイストロックピンと呼ばれる。「アンロック」の位置か、90度回転した「ロック」位置でないと操作できない。

写真❾

写真❿

の屋根の四隅に穴が開いていて、その穴を目掛けてクレーン側から爪[*32]を下ろして引っ掛けます。てっきり大きなフックのようなもので、コンテナ上部の梁に引っ掛けて釣り上げているものだと思っていましたが、小さな穴に爪を入れて、回転して引っ掛け［写真❿］て固定[*33]するのです。意外と知らない知識なのではと思いました。

リフトの運転を担当していた石沢さん[*34]にお話をお聞きしたところ、特に難しいのは穴に入れる作業だとか。たしかに、大きなリフトを扱って小さな穴に通すのは熟練の技が必要でしょう。

そして、一番注意すべきは「実際の貨車からコンテナを積み下ろす際は、

＊33 落下危険のある半ロック状態を回避している。

＊34 石沢龍さん。2004年生まれ。趣味は鉄道模型と鉄道写真。子供の頃から貨物列車が好きで将来は必ず貨物に関する仕事に就きたいと思っていたとか。

コンテナと、貨車を結合している装置がきちんと外れているか確認[＊35]すること」

当たり前ですが、確認を怠らず基本に忠実に作業しないといけません。確かに作業をしているみなさんは何度も確認された上で作業をしているのがわかりました。

しかし、たくさんあるコンテナの中から、よく間違えずに指定の場所におけるなあと思っていましたが、実は正確に積み下ろしをする為の秘密兵器があるんです。運転席側に乗せていただきようやく見つけました。これか！

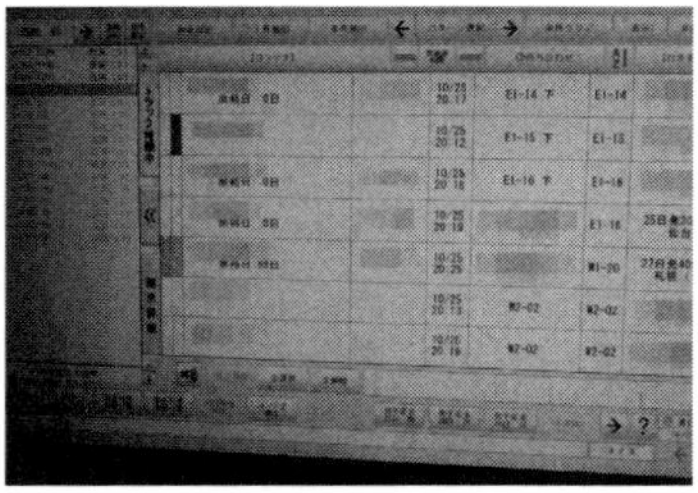

写真⓫

秘密兵器はモニター画面です。次の荷物をどこに移すかという指示が出る上に、具体的な列車名、具体的なコンテナ番号、そしてこのコンテナを取りに来ているトラックのナンバーなど、何から何まで表示[＊36]［写真⓫］されるんです。

作業中に次のオーダーも入ってきます。積み下ろしはスピードが大事ですから、こういう風

＊35
コンテナと貨車が結合したままコンテナを吊り上げると、貨車まで浮いてしまい脱線のおそれがある。

＊36
任務が完了するとその指示は消えていく。たとえるなら、カラオケボックスで曲の予約を入れていくと、どんどん曲がたまっていき、曲を歌い終わると、次の曲が1番上にくる、そんな感じをイメージしてください。

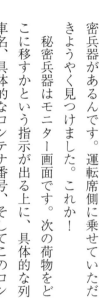

にどんどん仕事を処理していくんですね。

　これなら間違いなく荷役できますし、明確な指示は事故を減らすことにもつながります。

到着から荷役まで

　大盛り上がりのリフトの見学を終え、次はいよいよ実際の列車を見学させていただきます。私たちが見るのは85列車。[*37] 大阪貨物ターミナル発百済貨物ターミナル行きのコンテナ列車です。案内役の大山さんが先ほどから腕時計[*38]を気にされていまして、ここまでの取材が盛り上がりすぎてすでに20分ほどオーバーしていることにようやく気づきました。

となると、あと10分で列車がやって来ます。急いで移動しましょう。W1ホームに到着。まだ列車が到着する様子はありません。ふう、間に合った。

　やがて遠くに機関車のヘッドライトが見えてきました。いよいよです。

＊37
大阪貨物ターミナル駅から百済貨物ターミナル駅までの間、日中の時間帯で、かつトンネルを通らないため、後部標識の掲示は省略される。

＊38
吹田ではG−SHOCKや懐中時計を愛用する社員が多い。

写真⑫

機関車はEF210かな？〔写真⑫〕とスピーカーから接近を知らせる音楽[*39]が流れます。機関車が近づいてきました。EF210ではない、EF66です。ひし形下枠交差型のパンタグラフが精一杯背伸びしています。さすが、E&S方式[*40]。

どどどどど　たたんたたん　たたんたたん

……

きょうは空コキ[*41]が多く積載は3割程度。ゆっくりゆっくり速度をおとし、ブレーキをかけて停車。音楽も鳴りやみます。やがて足元のランプが青を表示すると、いよいよ荷役がスタートです。

とスタンバイしていたリフトが2台動き出しました。早い。とにかく早い。列車が到着し10分以内に6個のコンテナを積載し、リフトは次の現場へ颯爽と移動していきます。カッコいい。まさに職人技ですね。この列車の停車時間はおよそ30分ですが、すべてのコンテナの積み下ろし

＊39　接近をしらせる楽曲は、吹田に本拠地を置くガンバ大阪の応援歌『奇蹟の絆』。

＊40　積み下ろしするリフトの邪魔になるため、高い位置に架線がある。

＊41　鉄道ファンの間では何も積んでいないコキ車を「空コキ」と呼んでいる。

＊42　吹田貨物ターミナル駅では赤を使用しているが、その色に関しては、駅に委ねられている。関東黒板協会の小冊子「黒板のお話」（1999年発行）によると、チョークの元祖は19世紀初

ができるように停車時間が計算されているのだとか。

ところで、なぜリフトは2台なのでしょう？　リフトが多ければ早く終わりそうなものですが……。大山さんに聞いたところ、仕事量は増えるかもしれないけど、ホーム上でお互いが邪魔になって危険が伴うので、かえって仕事量は減るそうで、どうやら2台での荷役がベストなようです。

さて、もう1台のリフトも作業の終わりが見えたあたりで、駅員さんが2名やって来ました。吹田貨物ターミナル駅の駅員さんは、コンテナが正しく貨車に載せられているかを点検しています。微調整が必要な際は無線でリフトを呼んで、きちんと整えます。そして安全を確認したら、赤チョーク[*42]でマークを印けています。これはチェック済み［写真⑬］の印です。積載したコンテナをすべてチェックして問題がないことがわかると、リフトは知らぬ間に次の作業へ出かけていきました。

写真⑬

頭、フランス。石灰の粉末を焼いて水に溶かし、棒状に固めて使い易く加工したものが始まりとのこと。現在、日本のチョークには、比重がかるい焼きせっこう製（硫酸カルシウムが主成分）のものや、比重が重く長持ちする炭酸カルシウム製のもの等がある。近年、学校では炭酸カルシウム製の、なかでもダストレスチョークが使用されている。炭酸カルシウムといえば石灰石。石灰石といえばタキである。

ちなみに、こちらの2人の駅員さんですが、先輩と後輩の間柄で、後輩は今日デビューの新人さん。先輩は時には優しく語りかけ、時には黙って背中を見せ、それを全身で受け止め自分のものにしていこうとする後輩。その姿はとても頼もしく、将来の日本の物流を支える姿が想像できて、未来へ期待が持てました。

専用道路とカウンター

荷役の様子を眺めていると、「このホームの先に、関係者専用道路があります」と大山さん。関係者しか通れない道路はアツいです。ぜひ行きましょう。

構内で車に乗り、さっそく向かいます。トンネルをくぐり、地上に抜けると、高速道路に取り付けられるような頑丈な防音壁[*43]が目に入ります。途中でアサヒビールの工場の専用ゲートもありました。この工場を出たトラックはそのまま貨物ターミナルへと直結できる仕組みです。

*43 この道路は最高速度20kmに制限されていて、近隣住民への配慮が徹底的にされている。

専用道路は城東貨物線[*44]と北方貨物線[*45]と並走しながら3キロにわたって続きます。段差のある箇所は制限速度が時速15キロメートルになり、東海道本線北方貨物線をくぐる形で城東貨物線の南側に出ると一般道との合流地点。立派なゲート［写真⑭］がありました。

写真⑭

「貨物専用道路」と書かれたゲートにはカウンター。これはゲートを通ったクルマの数を計上していて、入出の合計が1000台を超えないという自治体との約束をしっかりと守るために正しくカウントを続けています。トラックが通るたびカウントアップしていくのを見て、当たり前ですがちゃんと作動しているんだなあと[*46]。繁忙期は上限ギリギリまでトラックの出入りがあるそうですから、昨日から今日にかけてはかなりトラックの出入りは少なかったことがわかります。

今日は月曜日。私たちがゲート

＊44
吹田から百済貨物ターミナルまでを結ぶ貨物線。おおさか東線として旅客列車も運行されている。

＊45
新大阪駅手前で右に大きくカーブし大阪駅を避け、尼崎駅を結ぶ貨物線。他にも吹田駅からは、桜島線の安治川口までを結ぶ梅田貨物線も分岐している。梅田貨物線には、特急くろしおや特急はるかも走っている。話題の大阪駅のうめきたエリア地下ホームは梅田貨物線。吹田貨物駅では、西に向け3方向に列車をふりわけている。

＊46
このカウンター毎日13時にリセットされるとのこと。

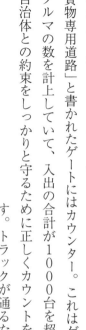

を眺めていると、先ほど荷役をした百済貨物ターミナル駅行きの列車が颯爽と駆け抜けていきました。

機関区で

午後からは吹田貨物ターミナル駅に隣接する吹田機関区へ移動し、車両などをいろいろと見せていただきます。機関区では広島東洋カープファン[*47]の福西区長が案内してくれました。

吹田機関区は1925年に吹田機関庫として開設されたのが歴史の始まりです。1936年には吹田機関区に改められ、このころはSLを中心に扱っていました。やがて東海道本線が電化されると電気機関車の基地として第2機関区が設立されました(SL[*48]、DL[*49]は第一機関区)。その後、SLが廃止になり、百済駅が電化されDLの配属もなくなり、現在は電気機関車のみの配属となっています。

機関区の仕事は簡単にいうと車両と運転士の基地[*50]です。かつてあった

---

*47 広島東洋カープの本拠地MAZDA ZOOMZOOMスタジアムがある場所は、かつてのJR貨物東広島駅の広大なヤードの跡地。

*48 蒸気機関車。STEAM LOCOMOTIVEの略。

*49 ディーゼル機関車。DEASEL LOCOMOTIVEの略。ちなみに電気機関車は、ELECTRIC LOCOMOTIVEと略される。最近は、列車名に牽引機がつけられることも増えてきた。SLの点検時などに運行される、東武鉄道の「DL大樹」や、SL列車の折り返し運転のJR東日本の「EL碓氷」など。

*50

吹田機関区　所属車両一覧　　　　データは取材時のもの

EF66形	形式	EF210形
0番台　1両 100番台　32両の計33両	車両数	100番台　27両 300番台　37両の計64両
27・101-103・105-133	所属車両（号機）	103-109・114・115・139-141・144-146・149・154・156-160・165-169・301-325・331-339・349-351

百済機関区、梅田貨車区はそれぞれ廃止になり、この吹田機関区に統合されたため、近畿エリアの機関区の仕事を一手に引き受けています。

吹田機関区の車両ですがＥＦ66１００とＥＦ２１０とが所属しています。受け持ちの機関車の走行エリアは、西は下関、東は東京、高崎、宇都宮と守備範囲がとても広いのが特徴です。

また機関車のほかに貨車やコンテナの検修もしています。コンテナ車だけではなく「チキ」[*51]、みんな大好き「ヨ８０００」[*52]の点検、検修もしています

吹田機関区に所属する運転士さんは１４１名。西は岡山、東は稲沢、北は敦賀までを担当します。吹田機関区以外の電気機関車や電車の運転もご担当されます。ということで、さっそく施設内を見学させてもらいましょう。

運用、検査、修繕を行い、またそれらを運転する乗務員の管理を行う。

＊51　レール輸送専用となる車両。

＊52　1974年から1979年までに製造された車掌車。車内にはストーブやお手洗いが設置されている。以前は、貨物列車にも車掌が乗務していた。東武鉄道のSL大樹に、安全装置をつけ改造されたヨ8000が連結されている。かつて、九州の電車特急有明が電化されてない豊肥本線水前寺まで乗り入れた際には、電源車に改造されヨ28001を名乗った。1985年頃、山梨県の小海線では、ヨ8000を5両連結した「パノラマ八ヶ岳号」が運転されていた。タイムマシンで戻りたい。

写真⑮

写真⑯

ニーナとの邂逅

貨車の検修庫ではコキ車［写真⑮］が点検を受けています。そのお隣の倉庫ではディーゼル機関車も停泊していました。関西の車両メーカーから出荷される甲種輸送用です。数少なくなった国鉄型のＤＥ10［写真⑯］が真新しいＤＤ２００、ＨＤ３００にはさまれ休んでいました。古い車両はなんというか静かな自信が感じられますね。区名札[*53]には「岡」の文字。このディーゼル機関車の所属は岡山機関区。出張で関西にきているような印象でしょうか。

吹田機関区にはどうしても会いたい機関車がいました。

ＥＦ66-27、通称「ニーナ」[*54]です。年配の貨物

＊53 その機関車がどこに所属しているかを示す札。運転席の外側に掲示用の器具がついている。「札」札幌機関区、「五」五稜郭機関区、「仙貨」仙台総合鉄道部、「東新」東新潟機関区、「高」高崎機関区、「新」新鶴見機関区、「東貨」大井機関区、「富」富山機関区、「愛」愛知機関区、「吹」吹田機関区、「門」門司機関区。

ファンだけでなく、すべての貨物ファン、いや鉄道ファンすべてから愛されたこの機関車は、2021年に運用を終えてから、現在はこの吹田でのんびりと休んでいます。

今日は特別に見学させていただくことになっています。ニーナのいる車庫まで移動しましょう。区長のご案内で機関区内を移動することおよそ5分、見えてきました、ニーナ［写真⑰］です。

EF66の0番台は、国鉄最終進化系であり国鉄最強の機関車と言われています。1968年から1974年まで55両[*55]が製造されました。

写真⑰

定格出力は3900kWで、これは主力機だったEF65形式（2550kW）の約1.5倍の力もち。EF65のモーターMT52が4極の主電動機だったことに対してEF66はMT56の6極の主電動機。とにかく力持ちのハイパワーな機関車で、1000tの貨車を時速100kmで牽引することを目標に設計

*54 27だから、愛称がニーナに。27号機が製造されたのは1973年8月15日のこと、すでに誕生してから50年という時間が経った。高速貨物列車のために開発されたEF66はブルートレインをけん引する花形車両でもあった。

*55 試作機を入れれば56両。

されました。

また台車に関しても枕形梁が採用され台車と車体とはボルスターアンカーで繋がれました。

それまでの機関車と比べていちばん大きく変わったのはその外観です。電気機関車と言えば、ほとんどの形式が平たい顔立ち。しかしこのＥＦ66は、角張ったいかにも強そうな感じ。ライトの位置も大きく変わり、唯一無二の形となりました。中でも印象的なのはＥＦ66の銘板ですね。まるで国鉄特急マークに型式名盤を埋め込んだような秀逸なデザインです［写真⑱］。

写真⑱

その高い性能はすぐに認められ、どんどん高速化していく貨物列車、特にコンテナ列車の先頭に立ち、日本全国を駆け巡りました。さらに旅客列車、寝台特急ブルートレイン*56にも充てられました。

ＪＲになり、初めて作られた電気機関車が、このＥＦ66をリニューアルしたＥＦ66１００番

*56
ＥＦ66は１９８５年より寝台特急列車を牽引。東海道本線、山陽本線の寝台特急列車のほとんどはＥＦ66が牽引した。写真は東京駅に到着したヘッドマーク付きのＥＦ66。

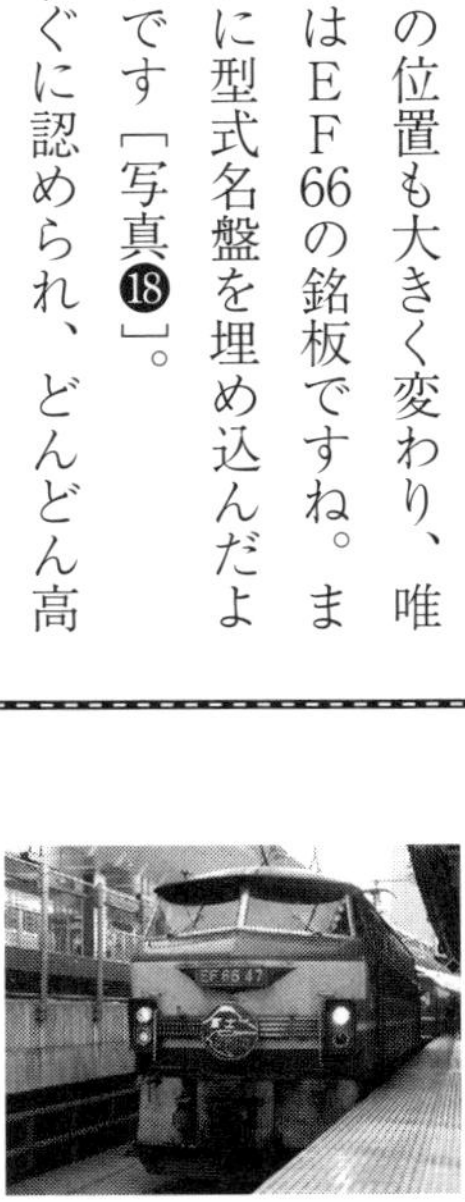

写真⑲

代であったことも、このＥＦ66の持つポテンシャルがいかに大きかったかと言うことを物語っています。

90年代に入り、電気機関車にもたくさんカラフルな塗装がされるようになりました。ＥＦ66も同様で、ＪＲ貨物色[*57]に更新されたり、特徴的な口ヒゲの部分を省略する車両［写真⑲］が出てきたりどんどん進化していきました。

しかし21世紀に入り、さらに最新型のＥＦ２００、ＥＦ２１０等の電気機関車のデビューにより、ＥＦ66の活躍の場所はどんどん減りました。最後まで現役で走っていたのがＥＦ66-27号機。このニーナです。デビュー当時の面影そのままの姿を令和の時代まで維持してきた車両であることも、ファンが多い理由ですね。

＊57
ブルーの濃淡ツートン＋ホワイトのカラーリングのこと。カラーリングを施工した車両所により、配色が異なることもある。ちなみにＪＲ貨物のコーポレートカラーは「コンテナブルー」（青22号）。

ご対面

車庫に入ると目の前にニーナがいました。なんというか、流線型とは無縁のゴツゴツしたフォルムが勇ましい。正面に立つと、まだまだ現役で行けそうな迫力を感じますし、歴史に残る名機関車の貫禄に圧倒されます。機関区の中に置いてあるニーナは、博物館展示のように艶っぽくない自然体な姿で、現役感をより醸し出します。引退して2年が経ったニーナですが、その存在感はさすがです。

写真⑳

ヘッドマーク*58の取付器具と、下部の固定器具が対になっています。「いつでもヘッドマーク掲示できるよ」という余裕というか。また、遠くから見ると目立ちませんが、密着式自動連結器と自動連結器との切替テコがあるのも特徴です「写真⑳」。解放テコやピンなど、やはり間

*58 昭和43年10月のダイヤ改正で特急列車が増発されたことを契機として、ヘッドマークのバリエーションが増えた。昭和53年10月には絵入りのヘッドマークが続々と登場。イラストヘッドマークの周知に努めたい国鉄は盛んに宣伝に力を入れ、さまざまなタイアップ商品が発売された。赤字続きでイメージが悪かった国鉄にとって、イラスト入りの「ヘッドマーク」と「テールマーク」はイメージアップに大きく貢献した。

写真㉑

写真㉒

近でみるとよくできたギミックですね。数多くの列車を連結して牽引してきた連結器に敬意を表したいと思います。

　最初に屋根上を見せてもらいました。パンタグラフ［写真㉑］が行儀よく正座しているように見えました。信号炎管[*59]［写真㉒］もしっかりと露出していますね。運転席上についている銀色のボックスは冷房装置[*60]です。のちに取り付けられた冷房装置はやや無骨さも感じられますが、乗務員の快適を追求し時代に順応した姿でもあり、逆にリアリティがあります。

　いよいよ運転室内に入らせていただきます。少しだけ上部に傾いているドアを開けて入りますと、図鑑などで見たままの運転室内が広がっています。床面に対し1段高いところに運転席と運転台があります。この段差が視界の確保に

＊59 非常事態が発生した場合に、赤色火炎によって接近する列車に停止信号を現示する。信号炎管によって現示される信号を発炎信号といい、鉄道信号のひとつである。

＊60 この機関車が開発されたときは非冷房車（冷房がついたのはJR化後のEF200以降の電気機関車）だった。ちなみに奈良の南田家にはクーラーが付いていなかった。どんなに暑い日でも、扇風機とうちわと風鈴でしのいだ。というか、なんだかんだで家の風通しもよく、レースカーテンが勢いよくなびいていて、快適であった。非冷房車に乗って、窓を開けて風を感じると、少年時代を思い出す。

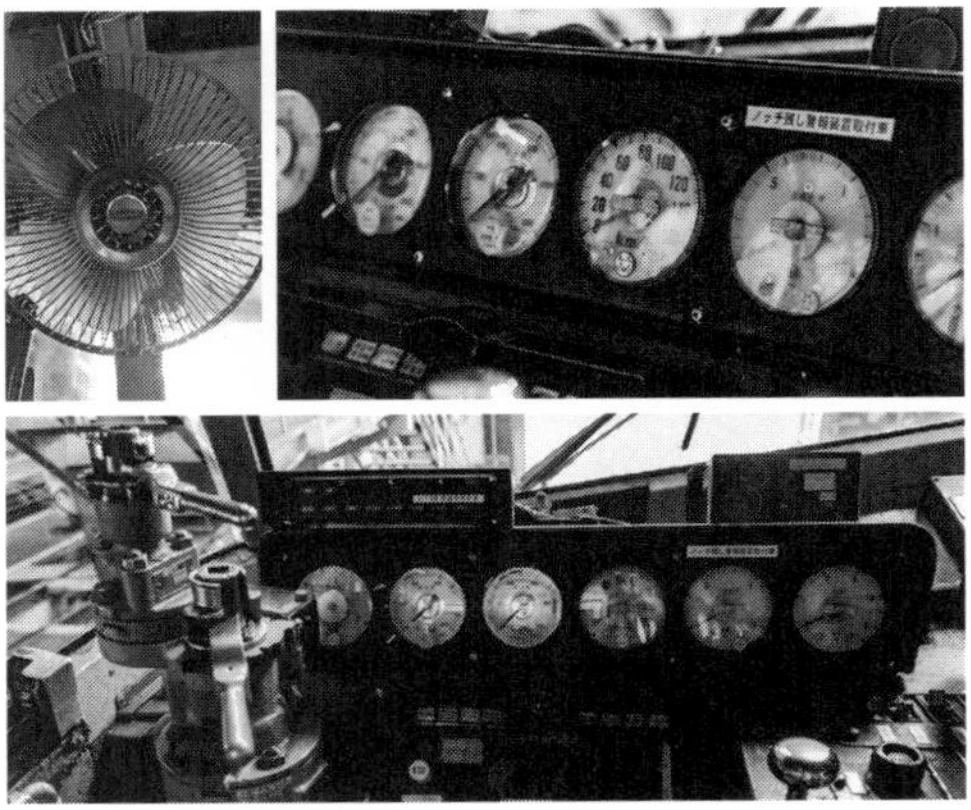

右上：写真㉓　下：写真㉔　左上：写真㉕

重要なんですね。

運転席に腰掛けさせていただきます。操作方法がかなり難しいと思われるブレーキ弁。そして切り替えスイッチ等がずらりと並んでおります。どれもまだピカピカでしっかり手入れされていますね。計器は6つ［写真㉓］あり、針は皆ゼロに降りています。

機関士さんはこの各種メーターを見ながら機関車のご機嫌を伺いつつ、列車を走らせていたのです。時刻表を入れるホルダー［写真㉔］などいろいろなものがありましたが、特に印象に残ったのはドリンクホルダー*61です。距離の長い運用につく前提で制作された電気機関車だからこその仕様です。

そして空調です。扇風機［写真㉕］もありますが、クーラーの吹き出し口もあります。後から取り付けるとなると、なかなか難工事だったことでしょう。この車両がデビューした当時から現在まで、システムはどんどん進化していき、ニーナもその時代に合わせたカスタマイズがされてきたのです。

運転席に座ったまま、運転台の左にある窓を開けてみます［写真㉖］。このやや台形になっている窓を開けると、流線形のパノラミックウインドウ[*62]の端に台形の欠けた部分がハマります。こういうしっかり計算されたデザインは美しいですね。

写真㉖

また機械室内の緑色の壁面[*63]は、とにかく落ち着くというか、和むというか懐かしいというか。これも計算されつくして採用されたカラーなのでしょう。

＊61 飲み物は自由だがトイレは駅に着いたときに指令の許可がないと、列車から降りることはできない。急な体調不良などで運転を見合わせることのないように、乗務前日から食事や水分の摂り過ぎに注意している。ちなみに乗務10時間前から飲酒は禁止である。

＊62 運転台の窓が側面まで回り込んでいる形状を指す。気動車最大キハ58系が代表格。

ニーナを操る

せっかくなので、機関区長のお心遣いでニーナに火が入ることになりました。架線[*64]に電気が流れます。パンタグラフが上昇し、架線に付くと、機器類がうなりをあげました。

ヘッドライトとテールライト［写真㉗］が点灯します。ああ、ニーナはまだ生きていたんですね。

「この状態で運転席上がってみますか?」とお声がけいただき、ありがたくお言葉に甘えさせていただきます。改めて運転室に入ると、蛍光灯が灯り予備灯も明かりを灯しています。機械室からは、モーター音が響きます。運転席に座ると、計器類が灯っています。先ほどとは全然空気が違います。

光を持った計器類[*65]は上目遣いで、私を見ているような錯覚を覚えます。この感

写真㉗

＊63 灰緑色3号。マンセル値は「1BG3・8／2・8」。

＊64 パンタグラフに接している架線は1本。機関車は架線からパンタグラフで電気を取り込んで、車輪につながっているモーターを回して動く。その後、電流は車輪を伝わって、レールに流れて変電所に戻る。

覚は吹奏楽で指揮をしたときにメンバーから見られている感覚に近いかもしれません。機関士さんは指揮者で、機関車そして列車全体を操るのですね。

赤いのは気笛の笛弁ですね。操作していいですよとの言葉に思わず躊躇してしまいます。果たして私にその資格はあるでしょうか？

しかし、遠慮は捨てて、力を入れると、先ほど屋根上で確認したホイッスルが鳴いています。素晴らしい。ニーナが「俺はまだ生きているよ」と叫んでいるように感じられました。

写真㉘

「ではちょっとノッチ*66入れてみましょうか」

「え、ノッチ［写真㉘］入れると動くんじゃないんですか？」

「いえ空ノッチ*67です」

そりゃそうですよね。ノッチを入れてみます。ガリガリガリとノッチを入れるたびに、手ごたえがハンドルから右手に伝わってきます。そして背後の機械室からは、主電動機能のカムがま

＊65
筆者の親愛なる知人は、「計器のケーキ」（ホールケーキがメーターになっている）を手作りされた。写真を拝見するに、メモリや針など細部まで忠実に再現されていた。上には上がいると思った。

＊66
EF66では「1〜4の捨てノッチ・S（直列）・SP（直並列）・P（並列）」。最高電圧に達した後は磁束を速度に反比例して弱めて一定出力を維持する。S・SP・Pの間では上のハンドルを操作することで弱めて、界磁制御できる。S、SP、Pの各ノッチにおいて最弱40％までの8段と在来車より多く設定し、細かな速度制御が可能になっている。

わるガチッガチッガチッという、軍隊が行進するときの靴音のような整然としたリズムが刻まれます。ノッチを戻すとガチッガチッ。

機関区の方曰く、ニーナのような直流モーター[*68]を使った電気機関車は、おそらく二度と生産されることはないと。やがてこのカチカチという音もまったく聞こえない時代が来ることになるのでしょうか。貴重な音をしっかりと耳に焼き付けたいと思いました。

ニーナの運転士にお話を聞く

ニーナに別れを告げ、車庫から機関区に戻ります。吹田機関区でEF66を運転してきた運転士の山中さんにお話を聞きます。山中さんはEF64にはじまり、EF65、EF66、EF81、EF200[*69]、EF210、DD51、DE10、M250[*70]など様々なJR貨物の車両を運転してきました。日本経済と私たちの生活を支えている現役の運転士さんです。ニーナ「写真㉙」はどんな機関車でしたか？

＊67 制御回路の動作テストを行うために、主回路を切った状態で主幹制御器のノッチを操作すること。

＊68 現在では、保守の容易性や軽量・大出力化などの理由により、国内の新製車両のほとんどすべてが交流誘導電動機駆動方式となっており、直流電動機は過去のものである。

写真㉙

写真㉚

「EF66はパワーが違いましたね。EF65も性能的には良かったけど、山道だと全然スピードが出なかった。EF66はぐーんと加速できましたから」

北海道から来る貨物列車は重かったそうで、引っ張りながら、その重さを背中で感じたとおっしゃいます。66はパワーがあって、貨車が重くても加速がスムーズだったそうです。運転したことがある方でないと、なかなかわからない感覚かもしれません。

「運転席もよかったです。台車［写真㉚］に空気バネ[71]が採用されていたので、乗り心地が断然良かったですよ。またEF65よりも約40㎝は高いところに運転台[72]があって、その分、線路の先のほうまで視野が広がるので、運転はしやすかったですね」

*69 出力6000kW。最高速度120km/h。とても力持ちの機関車として登場したが、そのハイパワーさゆえに出番が減り、早めの引退に追い込まれた。ある意味で、悲運の機関車。

*70 「スーパーレールカーゴ」と呼ばれ東京貨物ターミナル駅と安治川口駅とを6時間強で結ぶ、日本で唯一の貨物電車。

ＥＦ66は人気の機関車でしたから、沿線から手を振られたら、気笛[73]を鳴らしたり、手を振り返したりすることもあったとか。機関車が愛されることがとてもうれしかったとか。

ＥＦ66の運用がだんだん少なくなると、沿線にはカメラを持ったファン[74]の方が増えるのを感じたそうです。ＥＦ２１０に乗務していても、沿線にギャラリーが多いと、「この後ＥＦ66が来るのかな？」と思うこともあったそうです。

また、整備点検を担当されている方の話もお聞きしました。

「とにかくモノが違いましたね。台車枠［写真㉛］も形がちがう。初めて新しいのが入ってきたとき、台車枠が重たくてびっくりしました」

写真㉛

メンテナンスはとても大変でした。

「ＥＦ66は高速で走れた上に、重たいものをたくさん運べました。バブルの時期を迎え、荷物がどんどん増えて、だんだん高速化、長大編成化[75]していき

＊71 ＥＦ65まではコイルバネが採用されていた。

＊72 高くなった視野がこちら。

＊73 ＡＷ－２型のホイッスルタイプです。基本的にはどの機関車も同じホイッスルがついているが、一部の所属によりホイッスル自体の製造メーカーが異なり、音程も左右することがある。また、車両の吹き出す圧力

ました」
使い勝手の良いＥＦ66の運用が増え、負担もだいぶ増えたと思います。１３００ｔもの貨車を高速で引っ張ることができたので、そのリミットギリギリまで運用に使われました。その分負担が増えて、モーターやブレーキ［写真㉜］が満身創痍で、疲れてへばってしまうこともありました。

写真㉜

そして、この機関車ＥＦ66を「直流モーターの最後の傑作」と表現されました。優秀な機関車ゆえに、ギリギリまで働き、消耗し、メンテナンスされ、またギリギリまで働く。ＥＦ66の活躍の陰には、機関車自身の頑張りはもちろん、メンテナンスされる方々の弛まぬ努力があったのです。みなさん、このニーナはなんとかして残したいと口を揃えます。

ニーナの前で写真を撮影[*76]します。暗い倉庫の中で眠っていたニーナですが、タイミングよく少し明るくなった空から日光がすこし入って、

によっても音程がかなり変わる。ディーゼル機関車などは低い音が多い。逆に新系列の電気機関車は高い音が多いようだ。寒冷地や豪雪地帯をまたぐ電気機関車は高い音が出ている。

＊74 走っている列車を綺麗に写すには、シャッター速度とピントが大事です。早めのシャッター速度に設定して、明るい場所で撮影すれば失敗は少ない。列車までの距離、天候、長さ、太陽の位置などで写真の良し悪しは一気に変わる。

＊75 現在の最長列車は26両編成。

＊76

写真㉝

写真㉞

EF66－27の銀色の文字が光ります。日本鉄道史に残る名機関車ニーナここにあり。最強の国鉄機関車にして、最強の直流モーター電気機関車［写真㉝］。ありがとう。また会えてよかった。

寂しい現実

せっかくですので電気機関車の検修庫も見学させていただきます。台車検査[77]するため、車両走行部を解体［写真㉞］しているところでした。

電気機関車にはたくさんの部品が使われていて、検査のたびにこうやって全部ばらしているのです［写真㉟］。そこからまた組み立てて運

用にもどすとなると、なかなか大がかりで細かい作業です。台車を近くで見せていただきます。この台車はニーナと同型の台車ということでした。

そしてその奥の留置線の先には、引退した電気機関車が留め置かれています。ＥＦ66１００番台ですね。架線のないところにいる電気機関車はとても寂しい。永遠に残してほしいと思うのは、おそらく私のエゴのでしかないでしょう。

写真㉟

現実を突きつけられた気がしました。

運用システムの見学

吹田貨物ターミナル駅に戻ります。午前中に取材できなかったシステムを見学させていただきます。

＊77 台車検査のほかに、車両のすべての部品や機器を取り外し、内装も座席などをすべて取り外して検査をする全般検査がある。作業期間、およそ1ヶ月を要するが吹田では行っていない。

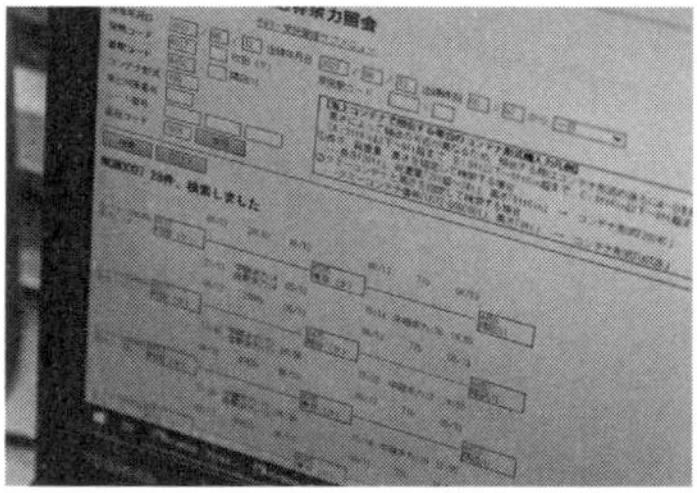

写真㊱

貨物のキモは、運用にあることは間違いありません。荷物をどの貨物列車に乗せて、どうやって到着駅までお届けするか。それらはコンピューターでしっかりと管理されています。少し拝見。パソコンの画面［写真㊱］には乗せる貨物列車の列車番号や時刻、中継駅などが表示されています。コンテナ版の乗り換え案内といったところでしょうか。たとえば、吹田貨物ターミナルから、隅田川までのルート候補がずらっと出てきます。やや小さめの鹿島臨海鉄道の神栖までを検索すると、やはりずらっと出てきます。既に取り扱いのなくなってしまった城端線二塚駅[*78]や、紀勢本線鵜殿駅[*79]はもう出てこないとのこと。また、コンテナ車の扱いのない、鶴見線安善駅[*80]なども出てこないというので、コンテナに特化したシステムです。

驚いたのはシステムをご説明いただいている大山さん、そして広報の鈴木さんは、私が駅名を言っただけで、4桁の駅コード番号[*81]をすらすら

＊78 中越パルプ工業から紙を運んでいた。

＊79 北越紀州製紙（現在は社名を変更して北越コーポレーション）紀州工場から紙を運んでいた。

と答えてくれるのです。

「これが頭に入ってないと仕事になりませんから」と言われて、私にも火がつきました。すべてのコンテナ取扱駅のコードを覚えていつの日か披露したいと思います。果たして、この本が出版される頃には、全国にある4桁の数字をいくつ覚えているでしょうか？

最後に、この吹田駅の全景を見渡せる屋上にご案内いただきました。東側から西側に縦長の駅の形状がよくわかります。そして、改めて見るとその広さに驚きます。東側には岸辺駅があり、西側には吹田駅があり、ちょうどその真ん中にいる感じです。

線路を眺めていると、上りの貨物線を百済貨物ターミナル駅からの列車がやってきました。ＥＦ65牽引の配給列車です。私たちの目の前を通過したのは、一旦岸辺駅の先まで行って、そこから、吹田機関区へ入場するからです。

奥にある吹田機関区では、真っ赤な機関車ＥＦ５１０レッドサンダー[*82]が入換を開始しています。今度は西行きのコンテナ列車［写真㊲］がｗ１

＊80
拝島までタンク車によるジェット燃料輸送を行っている。

＊81
ちなみに、臨海鉄道の駅は6桁になっている。
東水島　６７１０－06
神栖　４３６３－02
千葉貨物　４３４１－01

写真37

ホームにやってきました。この列車は日没後の20時30分出発予定で、この後荷役作業が始まるのでしょう。

ターミナル横の東海道本線[*83]は、通勤電車、特急電車が頻繁に行き来していて、多くの乗客を運んでいます。その横にある吹田貨物ターミナル駅では、私たちの生活を豊かにしてくれる荷物、貨物が扱われています。どちらも大切な鉄道の役割であるのだと、あらためて感じることができる素敵な眺めでした。

＊82
EF510はレッドサンダーのほか、JR東日本からやってきた青色の元北斗星牽引機、銀色の元カシオペア牽引機が活躍している。写真は元カシオペア牽引機。カシオペアの塗装ははがされている。

＊83
東海道本線には、ほかにも特急「ひだ」や特急「スーパーはくと」、特急「びわこエクスプレ

追記　吹田で見かけたこんなもの

池…吹田機関区にありました。池。車両基地に行くと探してしまう池。金魚と鯉とが泳いでいます。だれかが餌をやって世話をしているんだと思うとグッときます。

食堂…吹田機関区には昔ながらの食堂があります。テーブルの上にはお茶の入った大きなやかん。昭和の食堂の雰囲気がものすごく出ています。丼もの、麺類が中心ですが、それ以外にも小皿も充実しています。おばちゃんがフレンドリーに接客してくれるのも昔ながらの雰囲気。

地下道各所…吹田貨物ターミナル駅は縦に長い駅ですが当然、横幅も太いです。列車の往来があるため、構内をスムーズに移動できるように地下道が何本か設けられています。しかもどれも小さな地下道でミステリアスです。トンネルを掘るのは大変かなと思いましたが、線路敷く際に少し盛り土しているので、そんなに大変ではないらしいです。

稲荷神社、白鷹神社、殉職碑…吹田貨物ターミナル駅の中央部分に、社があります。今日も安全に仕業ができますように神様が見守ってくれています。また過去に殉職された方の思い、事故を忘れないよう、この

ス2号」などの気動車も営業運転を行う。

仕事は命がけだということを決して忘れることのないように。

社員食堂
食堂 タツミヤ

第2章

コキ研究

鉄道ファンにとって馴染み深い「コキ」という車番。「コキ」とはコンテナを運ぶための貨車のことを意味するが、皆さんは「コキ」のこと、どこまでご存知だろうか。ここでは歴代車両とその特徴について徹底調査した。

コキ研究

写真❶

コキとはコンテナを運ぶ貨車。コンテナ貨車です。

日々、日本中を駆け回る貨物列車たち。特にコンテナ列車は、物流を支える命脈であり、我々の生活を陰からしっかりと支えてくれています。日本全国の津々浦々まで張り巡らせていますから、長いものでは福岡貨物ターミナル発札幌貨物ターミナル[*1]行きなど、信じられないほどの長距離を走るコンテナ列車もあります。

積載されるカラフルなコンテナも、他の章でご紹介しているように、とても個性豊かですね。熱心なファンも多く、グッズ[*2]、駅弁[*3]など［写真❶］、コンテナの関連商品はたくさん販売されています。たしかにカラフルなコンテナは街ゆく人の目を惹きますから、貨物といえばコンテ

＊1
たとえば2070レ福岡タ発153／札幌タ翌2048着は日本海縦貫線を経由し機関車交換5回。乗務員は220㎞までと決まっているので、乗務員の交代は13回も行われる。北回りと南回りがあり、どちらも走行距離は2000㎞以上。、36時間〜43時間程度で運行する。

＊2
2020年には100円均一でおなじみのセリアから、JR貨物のコンテナを再現したブリキボックスが販売され大きな話題になった。20年にはJR12F、JR20F、21年には「戸口から戸口へ」がプリントされた国鉄バージョン、23年は離島向けコンテナの新作が続々と登場。

＊3
兵庫県の駅弁屋さん淡路屋で

ナが頭に浮かぶことでしょうが、今回私が注目したのは、そのコンテナを積載する縁の下の力持ち、コンテナ貨車です。鉄道ファンには「コキ」という車番でもお馴染みでしょう。

様々な鉄道専門誌でもコンテナの特集されることはあっても、コキの特集を組んでいるのをほとんど見ません。それはなぜでしょう。考えられる理由を列挙します。

・見た目が、あまりにも地味だから
・ほとんど違いがわからないから
・そもそも目に入ってないから
・足を踏み入れてはいけない沼だから

今回はあえて、一般的に認知されてない「コキ車沼」に足を踏み入れることを企画したのですが、最初にお伝えしておきます。この章、めちゃくちゃ面白いです。みなさんがこれを読まれた後、コキ沼にハマることは間違い無いでしょう。

そして、この章をより充実させるため、JR貨物の大山さん[*4]にもご協力いただき、細かく深く掘り下げながら、進めていきたいと思います。

は、19Dコンテナをモチーフにした JR貨物コンテナ弁当神戸のすきやき編、50周年記念記念コンテナをモチーフにした明石の鯛めし編を販売。弁当箱がコンテナ型で食べた後も目で楽しめる。

*4
コキについてレクチャーを請いたい人を考えたところ、すぐに浮かんだのが吹田ターミナル駅の取材でお世話になった助役の大山さんだった。貨物への限りない情熱、溢れ出る愛を隠すことない純情さ。大山さんは無限のコキ愛で我々を包んでくれた。

最初にコキ車の説明から。

コキはこれまでの貨物輸送を支えた偉大なるコンテナ貨車です。最初にコキの名がついたのはコキ5000。これは国鉄時代に生まれたチキ*5がコキへと名称変更されました。その後、小さな改良が続けられてきたのですが、2017年12月15日JR貨物が発表したリリースには、革命的で驚愕的な記載がありました。それは、2018年3月17日のダイヤ改正で、それまで日本全国を駆け回っていたコキ50000*6をすべて淘汰するというものでした。

にわかに信じられなかったのは、既に110キロ対応のコキ100系列が登場していたとはいえ、おびただしい数のコキ50000が全国で走っていたからです。本当にあと4ヶ月で置き換えられるのであろうか……。

しかし、JR貨物は物流に革命を起こしたいという並々ならぬ熱意に燃えていたのでしょう。約束通り、全国のコンテナ列車の置き換えが完了。110km/hで運行する、貨物列車高速化の時代が幕を開けました。

ここからは貨物輸送の歴史を変えた、コキ100以降の歴代車両と、

＊5
材木やレールなど長いものを輸送するための貨車。チは材木の英語timberが所以でつけられた。キは25t以上積載できる車両につけられた記号。コンテナの概念が導入された初期中の初期は、長物車にコンテナを載せて輸送するという概念だったと思われる。その後、コンテナ専用貨車として「コキ」が生まれた。

＊6
国鉄時代1970年から1974年にかけて3,276両製造され、コンテナ貨車の一時代を築いた貨車。荷重37t、自重18・3t。最高速度95km/h。

その特徴をご紹介していきます。

①昭和のコンテナ輸送を変えた革命児「コキ100、コキ101[*7]」【写真❷】

このコキ100とコキ101とは、切っても切れない仲です。なぜなら、彼らは4両1ユニットで運用されるからです。

編成はコキ101が、コキ100を2両サンドイッチのように挟む形でユニットが組まれます。図で表すと、

（101）-（100）-（100）-（101）

の4両が1単位になります。

これまでのコキは1両単位で運用されていましたから、これまでにないアイデア、これまでにない効率的な車両の誕生でした。

時はバブル全盛期。増えていく物流に対応し

写真❷

＊7
1987年～1992年に製造。荷重40・5t、自重18・5t　最高速度110㎞／h。

て貨車をたくさん作る必要がありました。

ユニットするメリットはいくつかありますが、最大のメリットはやはりコスト面です。中間車であるコキ100はコンテナを運ぶために特化した車両として、手ブレーキやデッキの取り付けを省略[*8]し、コストを抑えました。

そして、大量に製造され、特に基幹となる路線へたくさん投入され、たくさんのコンテナを運び、バブル経済を支えました。110km/hという高速で運用できるようになったことは、貨物輸送にとって大きな革命だったのです。

「高速化ばかりに目を奪われがちですが、もうひとつ、大きな革命ポイントがありますよ」と大山さん。それは、旧来のコキ50000形より、車高が10cm低くなったことです。

10cm低くなったことによって、これまでよりも背が10cm高いコンテナ[*9]を積むことが出来るようになりました。

企業相手にコンテナの営業をされてきた大山さん曰く、「この10cmがね、営業的にはとっても大きかったんです」。たかが10cmと思うかもし

*8
ブレーキシステムは一新され、コキ100系は突放禁止車両となった。そのため留置ブレーキが車体側面に取り付けられている。

*9
20D型に代表される20がつくコンテナ。高くなった部分に白いペイントが施されている。P19参照。

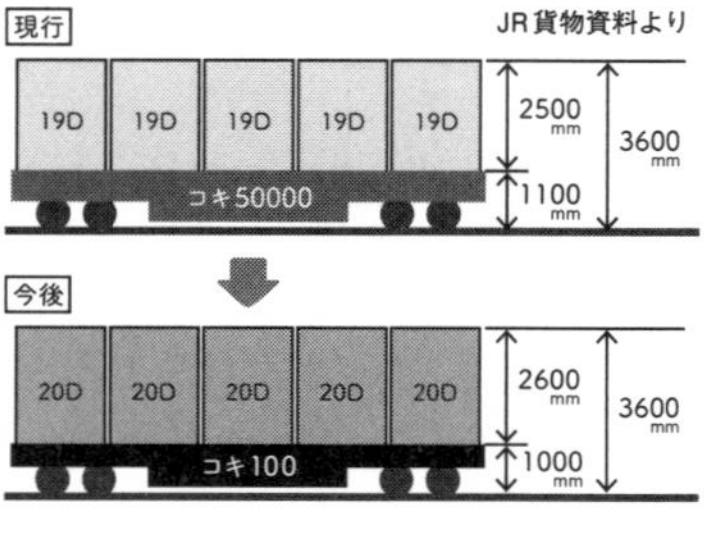

れません。しかし、底面積×10㎝となると、それはダンボール数個ぶんに相当するわけで、「もう少しだけ積めたらなあ」と、それまでお客さんが抱えていた不満が解消されたのです。もちろん営業マン的にも、それは大きなセールスポイントになりました。

私のような鉄道ファンは、趣味で車両の研究を続けていると、そもそも何のためにその車両があるのか、という目的を忘れてしまうことがあります。

当たり前ですが、貨車の本来の役目は貨物を運ぶことです。「コンテナの積載スペースが10㎝高くなった」ことは、本当に大きな革命だったのです。大山さんの話を聞いて、改めて貨物車両の目的を再確認したのでした。

②よく似た兄弟「コキ102、103[*10]」［写真❸］

正直、コキ100、101との違いがわかっていませんでした。見た

＊10
1987年～1992年に製造。荷重40・5t、自重18・5t　最高速度110㎞／h。

写真❸

目もそんなに違うようには見えません。ここは大山さんの出番です。
「これまでの4両ユニット[*11]がバラせるようになり、各車両ごとの不具合に対応できるようになったんです」
コキ100、101では両端のコキ101に分散して配置されていたブレーキ電磁弁がコキ102、103ではコキ102形奇数車に集中配置されていました。また、コキ102は1~180はデッキがないため、車体長が短かったのですが、181~に相当する車両(500番台)は、コキ104形式等と同等の車体長への統一が図られました。
ちなみに、これ以降4両ユニットの車両は製造されることはありませんでした。きめ細かな入換や運用をするのに4両単位というのが、ネッ

＊11 ユニットのうち1両に不具合が生じると残りの3両も影響を受けてしまう。

写真❹

クになってしまったのです。最初はもてはやされた新アイデアですが、運命というのは常に残酷なものです。

③ソロ活動が得意な「コキ104[*12]」［写真❹］

こちらの車両は輸送量の増加やきめ細やかな輸送に対応するため、コキ100形式を1両単位で運用できるように進化させた車両です。コキ104の10000番台は、セノハチ[*13]の走行開放[*14]に対応した車両で、現在も改番されず運用されています。

＊12 1989年～2006年に製造された。荷重40・5t、自重18・5t 最高速度110㎞／h。

＊13 山陽本線瀬野駅と八本松駅との間にある急こう配区間。上り瀬野から八本松にむけて22・6‰の勾配が続く。長大編成のブルートレインや貨物列車は先頭の機関車だけでは勾配が厳しいので列車の最後尾にもう1両補助機関車を連結し、プッシュプル運転を行ってきた。

＊14 走行中に機関車を解放する。現在は補助機関車は峠を越えた西条駅で停車中に解放(切り離し)しているが、2002年まではなんと列車の走行中に切りはなす運用もあった。

写真❺

④やっぱりコンビが大好き「コキ105」【写真❺】

歴史とは繰り返されるものなのでしょう。2両ユニットで運用を想定して製造されたのがこちらの貨車です。同じコキ105の中で、偶数車と奇数車が、互いに手を取り合いユニットを組んで運行されました。こちらにはわずか80両の製造[*15]にとどまっています。

⑤世界に通用する「コキ106」[*16]【写真❻】

高さ8ft6in[*17]の24tISO国際海上コンテナ[*18]を積載するために開発された車両で、1162両製造されました。時は1995年。コキの歴史が大きく動きました。

---

*15 名古屋南貨物駅と盛岡貨物ターミナル駅の間を1日2往復し自動車部品を輸送する「TOYOTA LONGPASS EXPRESS」の運用に入っている。

*16 1997年~2006年に製造。荷重40・7t、自重18・9t最高速度110km／h。コキ106の製造開始が1997年。著者は一浪して1998年ホリプロ入社。働き始めた時期が同じなので、私はコキ106世代といっても過言ではない。旅客車の中で同世代の車両はサンライズエクスプレス285系電車。時代的に、古い時代と新しい時代、文化や流行が入り乱れた時代であり、たくさん働きたくさん結果を残すことが美徳とされた。

横浜本牧駅[*19]～宇都宮貨物ターミナル駅間で、ＩＳＯ国際海上コンテナ輸送が開始されたのです。

　なぜそれが大きな出来事なのかと言えば、これまで日本の貨物などで使用されていた12フィートコンテナは、国内向けの規格でした。国際輸送されるコンテナは国際ＩＳＯ規格コンテナを用いて、国内輸送されるコンテナは国内ＪＩＳ規格[*20]という、異なるコンテナを用いてきたのです。

　時はバブル経済の崩壊後で、景気は後退を続けていましたが、貨物が進化を止めることはありませんでした。ワールドワイドなＩＳＯ国際海上コンテナ規格に統一することで、海外から運ばれてきたコンテナを、船からコキ車にそのまま積んで国内を輸送することを可能にしたのです。

写真❻

　前にも書いたように、ＩＳＯ国際海上コンテナは既存の12フィートコンテナと規格が異なりました。実は１０６の登場以前は、既存のコキ車に特別な緊締器具[*21]をその都度取り付けて輸送

＊17 1ft＝30・48cm　1in＝2・54cm。1ft＝12in。

＊18 国際標準化機構（International Organization for Standardization）が定めた「ISO規格」にのっとったコンテナ。

＊19 神奈川臨海鉄道本牧線の貨物駅。本牧線は、根岸線の根岸駅から分岐している。

＊20 日本産業規格（JIS＝Japanese Industrial Standard）の定めた規格。

＊21 コンテナ貨車と、コンテナとをつなぎ固定する機器器具。

していました。輸送量が増えると、海上コンテナ用の緊締装置を常時取り付けた、コキ１０４の改造車も登場しました。このコキ１０４改造車は、車番横に「Ｍ」とオレンジ色で記載されていたので、「マリーン号などと呼ばれていました」（大山さん）。

しかし積載できるコンテナは20ｔまで。このコキ１０４マリーン号から進化し、20ft24ｔの海上コンテナが積載できるコキ車として開発されたのがコキ１０６だったのです。海上コンテナの取り扱い駅は限定されていて、トップリフター（Ｐ20参考）のある駅に限られていました。

⑥現代貨車の最高傑作「コキ１０７」*22【写真❼】

２００８年から２０１７年まで２１６２両*23が製造されたコキ１０７（試作車は２００６年12月製）。コキ１０６の良いところを持ちながら、コキ５０００同様の形状を取り入れており、手ブレーキも、デッキ上に水平に取り付けられました。さらにコキ２００と同様のユニットブレー

＊22 ２００８年〜２０１７年に製造。荷重40・７ｔ、自重18・６ｔ、最高速度１１０㎞／ｈ。

＊23 最終的にコキ１０７は２１６２両製造された。トップナンバーのコキ１０７-１や、ラストナンバーコキ１０７-２１７６、ほかにもコキ１０７-１０７や、コキ１０７-１２３４などが存在する。一生かけて、全部の車両を見てみたい。どなたか「コキ１０７コンプリート」というアプリを開発してくれないだろうか。

写真❼

キを採用し、ブレーキ性能の安定化を図りました。現在運用されているコンテナ貨車の最終進化系とも言えます。

ここで注目したいのは、コキ50000への回帰が行われたことです。

「コキ50000は非常に優秀な貨車だったんです。頑丈に作られていて、故障も少なく、検査のときも診やすく、とても使い勝手のよい車両でした。ただ、営業的な視点から言えば、大きなコンテナは運べませんでしたし、重さも37t[*24]までしか運べませんでした。このコキ107は、スピードを出すために軽量化して多少は華奢になりましたが、強化すべき部位は強化して安全性を担保した上で、40・7tまで積載できるようになったんです」（大山さん）

現場の意見と営業の意見をうまく組み合わせた、ハイブリッドコンテナ貨車のひとつの完成形となりました。

＊24
37tと40・7tとの差は3・7t。一般的な力士を100kgとして、力士37人分。お米一俵を60kgとして、64俵分。1円玉硬貨を1gとして、37,000,000円の現金。そう考えると、より多くの荷物を積載できるようになったと言える。

⑦コキ界のβビデオ[*25]「コキ110[*26]」［写真❽］

新たにＪＲ貨物が開発した15フィートコンテナ[*27]を４個積載のできる車両として、２００１年に作成されました。ただ、15フィートコンテナは、これまでの貨車やトラックに乗せるにはアダプターが必要だったりと、なかなか全国で浸透することはなく、最終的に15フィートコンテナは10個、コキ１１０は５両のみの製造で終わりました。

車両としてはコキ１０６と同等の性能をもっていましたが、コキ１０４、１０５、１０６とひとつずつ進化してきた車番が、いきなり飛んで１１０と飛び級的な形式を与えられたことに、開発当時のＪＲ貨物の気合と期待が感じられます。また、これまでにない、からし色の塗装も人々の目を引きました。

写真❽

＊25
家庭用のビデオテープが普及しはじめた頃、ソニーが開発した「ベータマックス」と日本ビクターの開発した「ＶＨＳ」とで熾烈なシェア合戦が繰り広げられた。お互いに品質の向上などを繰り返し切磋琢磨し、最終的にＶＨＳが勝ち残ったが、やがてＤＶＤやブルーレイの登場によりＶＨＳを使う機会もなくなった。

＊26
２００１年に製造。荷重40・7t、自重18・9t　最高速度１１０㎞／h。

＊27
ＪＲ貨物24Ａ形コンテナ。

独立独歩の存在として一世を風靡するかと思われたコキ110ですが、現在は東京と四国を結ぶ路線のほか、東京〜吹田、東京〜東福山間に投入されています。

⑧身体は小さいがたくさん運べる「コキ200[*28]」［写真❾］

写真❾

100番代からいきなり飛び級で登場したコキ200。他の車両に比べて車長が圧倒的に短くて、15m。そして赤い塗色。いったいコキ100からどういう形で進化したのでしょう。

「タンク貨車からの派生なんです」（大山さん）。

なるほど、祖先がちがうのですね。

もともと液体[*29]や化成品[*30]はタンク貨車で輸送していました。しかしタンク車は私有貨車で最高速度が比較的低くて、速く走れない。遅い貨車

＊28
2000年から製造。荷重48t、自重16・9t　最高速度110km／h。

＊29
上部マンホールから注入しタンク下部の取卸口から排出する。漏洩時の危険度が比較的小さいガソリン、石油類、アルコールなどを指す。

＊30
硫酸・強アルカリ・カセイソーダ液のこと。タンク本体を積荷と反応しない材質で製作する。また、腐食・漏洩事故の防止対策がしっかりとされている。

にあわせて他の貨車もスピードを落とすのは非効率ですよね。ということで、高速で輸送できるようにタンクコンテナが開発され、その流れで誕生したのがコキ２００[*31]でした。先述の12フィートや15フィートコンテナはもはや視野にはなく、20フィートコンテナを２個積載するギリギリのサイズで車長が決まりました。コキ１０６形式では１個しか搭載できなかった24ｔタンクが２個積載できるのも特徴です。

写真⑩

⑨海上コンテナ輸送に適した低床型「コキ70」【写真⑩】

コキ１００系列とは別に、コキ70系列という貨車も存在しています。こちらの車両は、低床のコンテナ貨車です。

元祖、低床コンテナ車「コキ70」。海上輸送されたコンテナを鉄道貨物輸送する場合、海上コンテナは鉄道用コンテナと規格が違い、背が

＊31
かつて鹿島臨海鉄道にはコキ200と同じ設計のコキ2000がいた。『鉄道ファン』（交友社）661号の記事で、「異例」と表現されたように、私有貨車のコンテナ車は以降デビューしていない。

＊32
ちなみにコキ50000は110cm。一般的な旅客車、たとえば223系電車の床面までの高さは113cm。低いホームに対応したJR東日本の電車E721系は95cm。機関車の連結器の高さが88cmなので、それよりも床面が低い。

高かったため、海上輸送されたコンテナを乗せて運用するには、通常より[*32]車高を低くする必要がありました。

読者の中は「ピギーバック運用」[*33]を記憶されている方も多いかもしれません。その貨物列車に用いられていたのは、主にクキ1000という貨車で、トラックをそのまま貨車に載せて輸送してしまう、という斬新な貨物列車でした。

コキ70は、このピギーバック運用にも対応できるように設計され、多目的な貨車として期待されましたが、ピギーバック便の減少・廃止もあって、やがて姿を消します。

⑩行きも積載、帰りも積載「コキ71」

［写真⓫］

コキ70の後継者で、コンテナに自動車を2段に積載して輸送する「カーラック」コンテナ用

写真⓫

＊33
鉄道の貨車に貨物を積載したトラックを直接搭載して輸送する方式。西濃運輸や福山通運、トナミ運輸のトラックを輸送した。

に製造されたのがコキ71です。

このコキ71は、行きは自動車を輸送し、帰りはコンテナを輸送するという、効率性が特徴でした。それまで自動車輸送に関しては、カーキャリアのように2段で車を運ぶク5000が長年活躍していましたが、行きは自動車満載[*34]で出発できても、帰りは載せるものが無く、空気を運ぶしかありませんでした。そのウイークポイントが解消できる、画期的で優秀な貨車でした。

写真⑫

1996年にはなんと、貨車として初めて鉄道友の会よりローレル賞[*35]を受賞し、大きな話題になりました。

しかしながら、この貨車もやがて姿を消します。自動車の大型化という時代の流れ、そしてカーラックコンテナの構造がとても複雑で、運用も大変困難を極めたのではないかと推察できます。

＊34
コキ71一両で小型車であれば最大10台の自動車が積載できた。

＊35
ローレル賞（1961年制定）はブルーリボン賞・ローレル賞選考委員会が選んだ候補車両に対する鉄道友の会、会員の投票結果を参考にして、選考委員会が審議して優秀と認めた車両を選定。JR東海の383系特急型電車と同時受賞[写真上]。この年のブルーリボン賞はJR九州883系［写真下］。

⑪唯一無二「コキ72」［写真⑫］

海上輸送のコンテナを運ぶ目的で作られたものの、ここまでの低床車両が必要ではないことが判明し、製作コストの面から試作車1両（901）のみの製造で終了。引退後、稲沢駅の側線で保管されていたのですが、偶然にも前著[*36]で稲沢に訪問した際に写真を撮っていたのは不思議な縁を感じます。

⑫少数で運用中の激レア車「コキ73」［写真⑬］

2016年以降、1－4の4両が製造されました。世界的にはハイキューブ[*37]といわれる大きなコンテナが世界標準になりつつあり、そのハ

写真⑬

＊36 「南田裕介の鉄道ミステリー 謎を求めて日本全国乗り鉄の旅」（出版社 天夢人より2020年10月発刊）。

＊37 ISO国際海上コンテナ規格40フィートコンテナで高さが9ft6inの大型コンテナ。

イキューブコンテナ輸送用に開発された車両で、現在、運用されています。たった4両のコンテナ貨車。見てみたいですよね。

コキ72形式、コキ73形式は、コキ70形式、コキ71形式のイズムを必ずしも継いでいないとか。

「ちなみになぜ70台を名乗るかご存じですか？」という大山さんの問いに頭を悩ませます。確かに70台[*38]の車番は珍しい。電車でも70形式を名乗る車両はあまりない。答えを聞くと「車高が70㎝だからですよ」と笑う大山さん。すみません、それは思いもしませんでした。

ただ、この70という数字には大きな意味があり、実はこれ以上車高を低くすることはなかなか厳しいのだとか。

「車高を低くするには、車輪の直径を小さくする必要があるのですが、車輪が小さくなればなるほど、高速域の回転数が増えるので脱線の危険性も出てきます。いかに安全にいかに車高を低くするか。そのせめぎ合いの結果、70㎝に落ち着いたんです」（大山さん）

ちなみに、コキ１００系列も、車高が１００㎝だから。てっきり、新しい時代を象徴して１００台を用いたのかと思っていました。

*38
ＪＲ貨物の70台の形式といえばＥＤ76交流電気機関車。真っ赤なボディがいかにも国鉄時代の交流機。現在も九州で活躍している。ちなみに旅客車の70台の形式は、キハ71、キハ72「ゆふいんの森」が有名。いずれも九州で活躍している。はたして、ＥＤ76がコキ73などを牽引する日は来るだろうか。

ＪＲ貨物に携わる方は、これらのコンテナ貨車がどの列車に連結されているかを把握されているといいます。膨大な情報量ですが覚えるのには理由があります。組成方という冊子にも載っているのですが、「この列車の何号車から何号車まではこの形式のコキを連結しなさい」という指示があるのです。たとえば20 ftのタンクコンテナを利用するお客様には、そのコンテナが積載可能なコキ車を配置します。ダイヤ改正のたびに、組成も見直しているので、その都度覚える必要があるのです。

コキ１０７形式コンテナ車以降、新しい車両の製造をしていないのは、現在の輸送体系において十分に運用できているということだと思います。

しかしながら、コキ１００、コキ１０１は製造からすでに30年が経過していて、やがて置き換えの時期が来ます。コキ１０８などの新形式が開発されるのか、もしくはコキ１０７が増備されるか、今の段階ではなにも決まっていないといいます。

最後に大山さんはコキの魅力について語ってくれました。

「コキ車の魅力は無骨さですね。写真を撮っても『映え』ないし、車体がカッコいいとはお世辞にもいえません。でも、道具として使い良いんですよね。時代に応じたコンテナの扱いや、入換、作業のしやすさなど、私たちとお客様のニーズ反映して進化を続けてきました。『いい道具である』ことが、コキの最大の魅力なんです」

第3章

水島臨海鉄道探訪記

倉敷市中心部と水島地域の10.4kmを10駅で結ぶローカル線。昔懐かしい旧国鉄車両が走るこの路線は、日本貨物鉄道（JR貨物）・倉敷市などが出資する第三セクター方式。臨海鉄道とは、臨海工業地帯の貨物輸送を行うために敷設された鉄道のこと。「水島臨海鉄道」は西日本唯一の臨海鉄道で、旅客輸送も行っている。SNSでも積極的に情報発信を続けており、X（旧ツイッター）のフォロワー数は3万人を超える。アカウント@mizurin1970

西日本唯一の臨海鉄道へ

山陽本線の倉敷駅の大きな駅舎の南側に水島臨海鉄道の始発駅、倉敷市駅はあります。複線電化の山陽本線とそこから分岐する複線電化の伯備線、大きなＪＲ倉敷駅に対し、水島臨海鉄道の倉敷市駅はディーゼルしか走れないローカル線で、単線で、ホームもひとつしかなくこぢんまりとした駅です［写真❶］。駅舎に入ってみると、自動改札機等は設置されておらず、いまだに駅員さんが改札に立つスタイルです。

写真❶

地元の通勤、通学のお客様がたくさんいらっしゃいますね。それに混じって、鉄道ファンらしき姿もちらほら。

コンコースには鉄道の廃品がもらえるカプセルトイ*1が設置されていてなかなか興味深いで

*1 車両の「制輪子」や枕木と線路とを固定する「犬釘」などが景品のガチャガチャは1回500円。今は使われていない路線から採取したバラストが景品になったカプセルトイもあり、こちらの金額は200円。

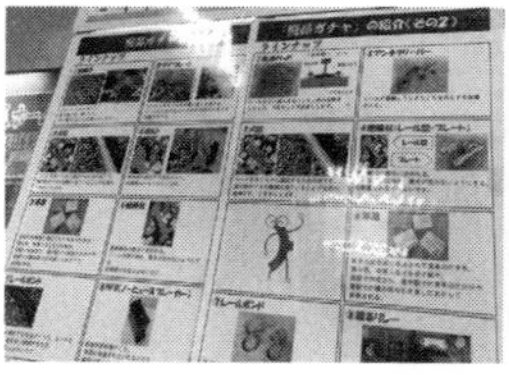

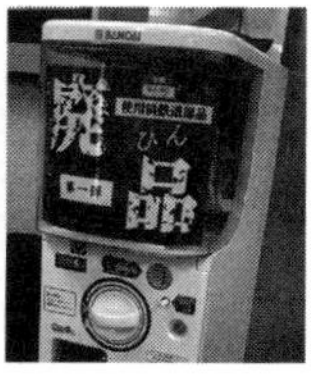

す。これが結構売れているとのことで、財政的に厳しいと言われる、地方鉄道ならではの面白いアイディアだと思いました。

　券売機以外に窓口があります、今回は1日フリー切符にしましょう。高架化を記念したフリー切符[*2]が販売されていたので、そちらを購入します。これのデザインがとても凝っていて、立体的になっているんです。こういう細かいこだわりを見ると感動してしまいます［写真❷］。

写真❷

　ちょうど車両が到着して、たくさんのお客様が降りてきました。水島臨海鉄道は、ワンマン運転を行っていて、切符や定期券を持たないお客様は現金精算で、駅員さんがもう1人出てこられて、列がふたつになりお客さんをさばいていきます。

　到着したこの列車が、今日私が乗る列車。一両編成のディーゼルカーです。

　水島臨海鉄道は10駅で構成されていますが、

＊2
1992年9月7日に完成・使用を開始した高架線の30周年を記念して販売された。

写真❸
まずは始発から6駅目、終点から三つ手前の栄駅に向かいます。

倉敷市駅を出発した車両は、山陽本線との連絡線を超えると線路は南へカーブします。

ひとつ目の球場前駅を過ぎると住宅地の中を通ります。弥生駅の手前から、列車[*3]は、高架に入っていきます。単線かつ非電化の高架線[*4]は趣深いものです。弥生駅到着。ここは列車が行き違いできる設備を有しています。特徴的なのは貨物ホームは短いですが、待避設備の線路が長くとられているところ。貨物列車も交換するため長くなっているんですね。

そして、栄駅に到着。

ゆっくりと列車は出発していきました。階段を降りると、駅前は大きな広場になっていて、大きなロータリーもあり、その中央にはヨットの帆のようなオブジェクト[*5]が設置されています［写真❸］。

この駅で降りたのは、水島臨海鉄道名物「みずりん最中」をゲットす

＊3
MRT300形気動車、キハ37形気動車、キハ38形気動車、キハ30形気動車が使用されている。

＊4
単線非電化の真っ直ぐな高架区間を国鉄型のキハや1両のディーゼルカーが走る姿はファンにとって萌えポイントのひとつ。

＊5
「白い森」新宮晋さんの作品。水島臨海鉄道連続立体交差事業完成を記念し、文化の香りがあふれる街づくりの一環として制作された。他にも七つの作品が側道に設置されている。

写真❹

写真❺

るため。栄駅から徒歩5分のところにある老舗のお菓子屋さん「嶋屋製菓　栄堂」[*6]に向かいましょう［写真❹］。

たくさんの種類のお菓子の中に、ありました。白いもなかの皮にプリントされた、水島臨海鉄道の車両たち。絵柄は6種類[*7]あります。赤あんと白あんとがあり、今回は両方購入。あんこにはしっかりとした小豆の存在感があり、歯ざわりも心地よいですね。おいしいです。他にも気になる洋菓子もありました。「ヨーロッパロール」はロールケーキにシュー生地を巻きつけているもので、こちらも甘くマイルドでしっとりとした食感は、とても上品でした。さすが地元で愛され続けた老舗です。おいしかった。

もうひとつ、老舗の和菓子屋さん「清正堂」[*8]では、水島臨海鉄道の羊羹を販売しているとの

＊6
もともとは「和洋菓子司 弥生堂」という昭和25年創業で地元に根付いた和菓子屋だったが、平成29年に惜しまれながら閉業。愛された店を残したいという地元民の思いは強く、現在の店が暖簾を引き継いだのちも、当時の志を受け継いで元気に営業中。

＊7
水島臨海鉄道のロゴのほか、DD50形式、キハ30形式、キハ37形式、キハ38形式、MRT300形式がプリントされている。

＊8
こちらは昭和23年創業。水島臨海鉄道が社倉敷（現在の倉敷市）～水島～水島港間で地方鉄道として開業した年でもある。

ことで足を延ばしてみます［写真❺］。

15分ほど歩くと、商店街の中にたしかにありました。こちらも古そうなお店で、お赤飯なども取り扱っている昔ながらの和菓子屋さんです。ショーウインドーの中には、キハ20を模した立方体の羊羹がありました。これが「ピーポーようかん」です。こちらは普通の羊羹と、抹茶羊羹と2種類あり、今回は2種類とも購入。壁には、水島臨海鉄道からの認定証が展示されていました。

ところで、なぜピーポーようかんなのでしょう。ピーポーと言えば、警察を思い浮かべる方も多いのでは。店員さんに聞いてみたところ、ピーポーと言うのは、昔のSLの音ですよと教えてくれました。

「ディーゼル車が走る前は、SLが走っていて[*9]、その気笛がピーとかポーとか聞こえたのでそのうち愛称になってね。羊羹にもその名前をつけたんですよ」（店員さん）

水島臨海鉄道を訪れた、鉄道ファンがたくさん店に来るとのこと。壁を見るとサイン色紙が目に入ります。岡山放送の大人気番組、「金バク！」[*10]の色紙も飾られていました。羊羹はとても甘く、艶のある味でした。美

＊9
開業当時は、旧三菱重工業水島航空機製作所の従業員輸送車両を蒸気機関車で索引していた。

＊10
岡山放送の看板番組のひとつ。金曜日19時放送。「地域お宝発見バラエティー番組」と銘打ち、毎回豪華ゲストが登場する。初代ナビゲーター神谷文乃、2代目ナビゲーターの矢野みなみは、現在ホリプロ所属。

＊11
駅番号はMR7。1992年9月7日の浦田駅〜三菱自工前駅間の高架化と同時に開業した最も新しい駅である。かつてこの一帯はとても活気にあふれた地域であった。現在でもグルメサイトで検索すると常盤駅から300m以内に居酒屋が20軒ほどヒットする。

味です！

　ここからは、栄駅に戻るよりも、次の常盤駅[*11]のほうが近く、歩くことにします。この辺には、飲み屋さんが多く、今日はまだ午前中のため、街的にはひっそりしていますが、夜はまた賑やかなのでしょうね［写真❻］。

写真❻

　常盤駅も高架になっており、ホームに上がってみると先程降りた栄駅が見えます。また、反対側を見ると、水島駅も見えます。高架区間は、極端に駅間が短くなる[*12]のも特徴です。ここからは終点の三菱自工前駅まで行くことにします。
　改めて、水島臨海鉄道についてご説明します。水島臨海鉄道は倉敷市駅から三菱自工前駅を結ぶ水島本線と、水島駅から東水島駅まで伸びる港東線で形成されています。
　旅客列車は、およそ1時間に一本、ラッシュ時は増発され、2両編成以上[*13]で運行される時間帯もあります。貨物列車は東水島駅から倉敷市

＊12
弥生駅〜栄駅（0・7㎞）。栄駅〜常盤駅（0・4㎞）。常盤駅〜水島駅（0・4㎞）。

＊13
キハ37形・キハ38形気動車の2両編成。かつて大量に製造され全国各地で活躍したキハ40だが、保守の難しさから地方向けにはダウングレードする必要があった。その結果1983年に試験的に5両だけ製造されたのがキハ37。1986年から1987年にかけて合計7両が製造されたのがキハ38で、八高線で活躍したが電化に伴い久留里線へ。キハ37形もキハ38形ともに最後は久留里線で活躍したが、同線への新型車両の導入とともに水島臨海鉄道が車両を譲り受け、2014年5月から運行させている。キハ37形・38形とも片運転台のため、朝夕のラッシュ時

写真❼

駅手前で連絡線を通り、山陽本線へ直通し岡山ターミナル駅[*14]まで運行されます。

1日6本の貨物列車が運行されており、年間輸送は令和3年度で約37700tです。

私の乗る列車が手前の栄駅に停車しているのが見えます。やがて、ゆっくりと車両が入ってきます。地元のお客さんと、鉄道ファンとおぼしきお客さんが乗っていらっしゃいましたが、地元のお客様のほとんどが水島駅で下車されました。

ということで、三菱自工前駅に向かうお客様は、私を含めてほぼ鉄道ファンとなりました。水島駅を出発すると、東水島に続く高架線と別れを告げます［写真❼］。

徐々に高架を下って地上を走るようになると、周りには住宅はもうほとんどなく、工場ばかりが目に入ります。大きな国道と並走する形で、終点の三菱自工前駅に到着［写真❽］。終着駅ではありますが、奥に車

に2両編成で運用されることが多い。

*14 岡山貨物ターミナル駅に併設されている岡山機関区の食堂は「JR貨物食堂」として一般の方も利用可能。人気の洋風カツ丼とは、岡山名物デミカツ丼のこと。

写真❽

写真❾

庫があるため、列車はすべてのお客様を降ろした後、列車は車庫へ一旦引き上げました。

駅のホームはとてもシンプルで、親子連れの鉄道ファン、中学生とおぼしき鉄道ファン、それぞれ自分の時間を過ごしています。

折り返し列車がやってきました。今度はひとつ手前の水島駅まで戻ります。

水島駅は高架の島式ホームで、窓口もある大きな駅です（取材時は閉まっていましたが現在は土曜日も開いています）。平日は、マンホールカード*15の配布もしているのだとか。実は水島臨海鉄道の沿線のマンホールのうち、三つに水島臨海鉄道の列車が描かれているマンホール［写真❾］があり鉄道ファンからも人気を得ています。そのうちのひとつが水島駅にあるのでチェックします。カラフルなマンホールはいい天気の

*15 下水道広報プラットホームが企画・監修するマンホール蓋のコレクションアイテム。2023年段階では第20弾まで発行。第1弾から累計で、全国656自治体・団体941種類のカードが発行され、総発行枚数は1,030万枚に達する。入手方法など各地で異なり詳細はhttp://www.gk-p.jpを参照のこと。

日は特に映えますね。

立入不可の駅へ潜入

さて、水島駅に来たのには理由があります。水島臨海鉄道の中田さん[*16]と待ち合わせをして、普段は一般客が立ち入ることができない東水島駅の取材をさせてもらうためです。

「ご無沙汰しております。その節はいろいろお世話になりました。」

私がこの水島臨海鉄道を訪れるのも実に3回目。「拝啓！　鉄道人[*17]」という番組で初めて訪れたときにも、中田さんにご案内していただいておりました。無理なお願いですみませんと頭を下げると、笑顔で応えてくれます。

まずは水島駅で、岡山貨物ターミナルからやってくる貨物列車を待ちうけることにします。ホームのない一番北側の線路に入ってくるとのことでワクワクしながらカメラを構えます［写真⑩］。お隣の常盤駅を通

＊16
取締役管理部長の中田一宏さん。総務・経理を統括している偉い人。

＊17
2007年から2012年かでCSテレ朝チャンネルで放送されていた。筆者がやりたい放題の旅に出るシリーズが好評だった。初代アシスタントは豊岡真澄、2代目アシスタントは森田涼花。

写真⑩

過した貨物列車が見えてきました。最新のＤＤ２００形ディーゼル機関車です。[*18]
ホームの端にある詰所から係りの方が出てきました。通行手形の役割を持つ「スタフ」[*19]を持って機関車に乗り込まれるとのこと。
ゆっくりとやってきた貨物列車は、一旦停車し、またゆっくりと出発します。水島自工前行きの線路とは異なり、左側に大きくカーブしていきます。20両編成の列車はゆっくりゆっくりと走っていきます。
私と中田さんは先ほどの貨物列車を追うように、別途東水島駅に向かい、貨物列車が到着する様子を見学させてもらいます。

＊18
ディーゼルで発電した電気でモーター動かして駆動するという電気式ディーゼル機関車。本線けん引と貨物駅での入替との両用で開発された。水島臨海鉄道では50年ぶりの新型機関車で、600番台を名乗る。

＊19
駅区間ごとに形が異なる通行票を運転士に渡し、スタフを持っている列車以外はその駅区間に入れないようにする。

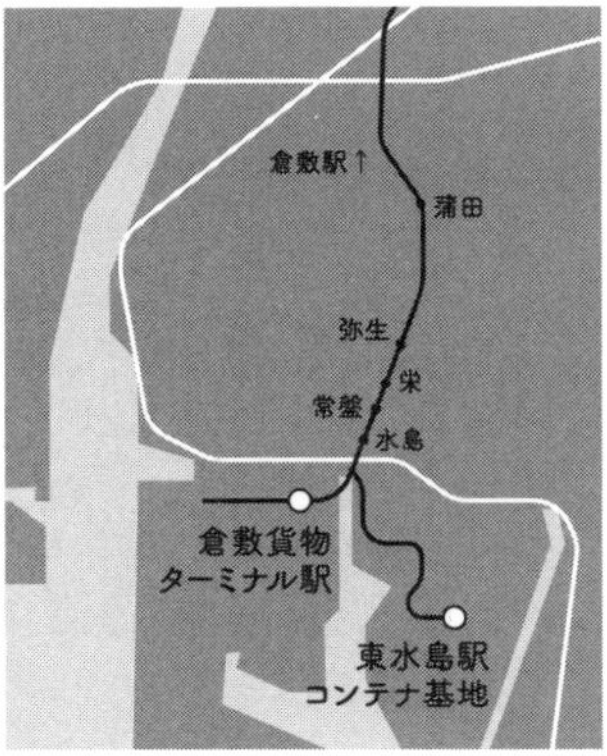

〈図版1〉

写真⑪

水島駅から車で10分、東水島駅に到着です〈図版1〉。

東水島駅は、コンテナホームに2線と留置線路を持つ貨物駅で、広さは20,402・5㎡[20]。

コンテナホームと道路との間に、コンテナが規則正しく積まれているのが目に入りました。私たちが東水島駅に到着したときには、貨物列車はもう到着し、機回し作業[21]が始まっていました［写真⑪］。

最後にフォークリフトが出入りする踏切部分を開けるため、列車を途中で切り離してスペースを確保。これで取り急ぎ入換作業は完了です。

これで岡山から到着した列車からコンテナを降ろす作業ができるようになります。

大きなコンテナを吊り上げるフォークリフト

＊20 東京ドーム、いや倉敷マスカットスタジアム1・3個分になる。

＊21 先ほど、岡山から貨物列車を引っ張ってきた機関車は、一旦水島駅方へ引き上げ、コンテナホームに止まっていたコンテナ車を迎えに行き、出発線へ据え付けるために押し込む。そして機関車は切り離されまた水島方に引き上げ、先ほど到着したばかりの列車を迎えにいく。そして、水島駅にまた引き上げ後、コンテナホームに押し込む。

写真⑫

写真⑬

がやってきました［写真⑫］。

　まず降ろされるのは、急ぎの荷物[*22]のコンテナ。駅横の道路にトラックが待機していてすぐ積み込みを行う場合もあるそうです。とにかくシステマチックで、無駄なく作業をするため、すべてが計算されていることがわかります［写真⑬］。

　このホームに置いてあるコンテナを見てみると、翌日に出荷予定の静岡貨物駅[*23]行きのコンテナがありました。中田さんにお聞きすると、このコンテナは東水島駅を出発し、岡山貨物ターミナルから一旦東京貨物ターミナルに向かい、そこから折り返す形で静岡貨物駅まで向かうとのこと〈図版２〉。

　たとえるなら、倉敷から岡山まで行って、岡山からのぞみ号に乗り東京まで行き、東京からひかり号で先程通過した静岡駅に向かうような

＊22
逆に遅く出荷してもいいコンテナは、コンテナを積み上げる際に下に置くことになるので、特に急ぐわけでは無いコンテナが真っ先に搬出されることもある。

＊23
東海道本線草薙駅～東静岡駅間にある。1993年に移転・改称し、E&S方式を導入している。かつて貨物駅があった場所は東静岡駅として1998年に旅客開業開始。

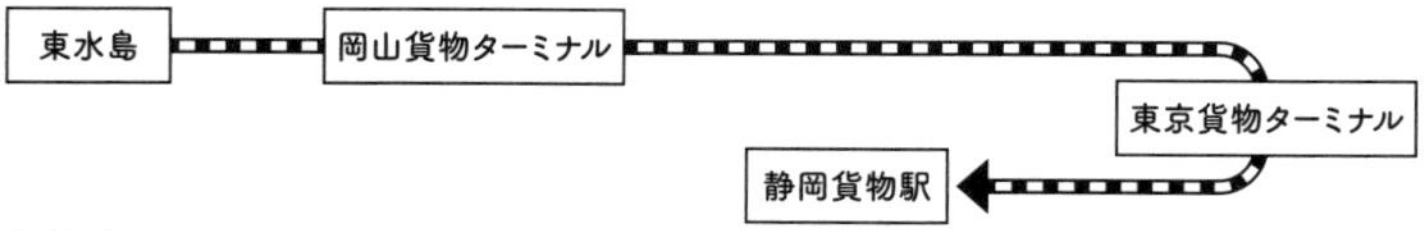

〈図版2〉

ものだと。確かにその通りですね。一見無駄に見えるその[*24]行程ですが、コンテナ一つひとつの運用がしっかりと計算されています。だから、コストと時間を鑑みた結果、それが最適なルートということなのでしょう。それぞれのコンテナはコンピュータで管理され、間違いなく送り先の駅へ届くようになっています。

また、この作業の間、交番検査[*25]に入るコキ車両の切り離しも行われていました。何両目にその交番検査を受ける車両が連結されていて切り離すという作業が間違いなく短時間のうちに行われ、入換作業もすべて計算されているということにとても感動しました。

ちなみに東水島駅では、機関士さんと操車係の方2名で入換作業を行っています。その傍らには「水島臨海鉄道」と書いた軽トラック[*26]が停められていて、何でも操車係の方がこの車で移動するとのこと。そして駅が縦に長いため、軽トラを使ったほうが効率的に入換が行われるとのこと。

＊24 新幹線だと岡山〜静岡でおよそ2時間30分。岡山〜東京〜静岡と東京を経由すると4時間半と、旅客だと2時間程度の差が出る。貨物であれば、静岡へ最初から向かう貨物を組成するより、東京を経由させたほうが効率的なのだから、やはり貨物は奥が深い。

＊25 走行距離が3万kmに達した場合または30日以内に行う検査。

＊26 軽トラックは計2台。中田さんの入社前からあるため、いつから軽トラが採用されたかは不明。主に、駅構内の移動やコンテナ番号確認（JR貨物では現在行なっていない）のために用いられる。

写真⑭

他の貨物駅では自転車などを用いられていますが、車が用いられることはほぼないと。この軽トラックも鉄道貨物輸送にひと役買っているのですね［写真⑭］。

しばらくすると、先程のディーゼル機関車が、先程の出発線に留置されている編成の先頭につき、出発の準備が完了となりました。

知らなかった水島臨海鉄道の歴史

私たちは東水島駅を離れ、先ほど出発準備が整った列車の写真を撮るため、すぐ近くの踏切へ向かいます。

このスポットは遠くからやってきた列車がゆるいカーブで入ってきて、その背後に工場の煙突などが見えるのです。これはいい写真が撮れること間違いなしです［写真⑮］。

写真⑮

　踏み切りの警報が鳴って、貨物を引っ張る赤い機関車が見えてきました。カメラを構えます。私の腕が悪いばかりに、雑誌に載るようなかっこいい写真は撮れませんでしたが（すみません）、肉眼でその姿をしかと見届けました。

　コンテナの行き先を見ていると、列車の前のほうは「関東方面」熊谷貨物ターミナル駅行き、電車の後ろのほうは、北九州や熊本など九州方面行き。おそらく「岡山貨物ターミナル駅」で組み換えそれぞれの目的地に向かうのでしょう。

　ふと、貨物というのは人生[*27]のようだと思いました。

　たとえば、小学校に入学して同じクラスでみんな勉強します。卒業し進学する中学校が異なる友人もいます。高校に行く際には、さらに進路は複雑になり、それぞれの目的地へ進みます。やがてどこかで再会する

＊27　奈良に生まれ静岡の大学を出て東京の芸能事務所に就職したときはまさか貨物の本を出すとは思ってもいなかった。

こともある。貨物列車と人生と似ていると思いませんか？

撮影を終えて時計を見ると、時刻は13時。絶好のランチのタイミングということで、中田さんがよく行かれるという中華料理屋さんへ。栄駅と常盤駅とのちょうど中ほど、先ほど私が歩いて通った付近ですね。

「とらや」[*28]という名のお店はとても活気があり、いわゆる町中華ですが、なんといっても安くて、メニューのバリエーションも豊富です。

中田さんはちゃんぽんを、私は天津麺［写真⑯］を注文することにします。そしてチャーハン一人前。ちゃんぽん麺は、細麺で、とろみのついたスープが熱々。私の食べた天心麺は、卵がとてもふわふわで、細麺と絡むとものすごくおいしかったです。定食も充実していて、お客様がひっきりなしに入ってきます。地元の方に愛されている感じがとてもしますね。

お腹が落ち着いたところで、中田さんに話を聞いてみました。

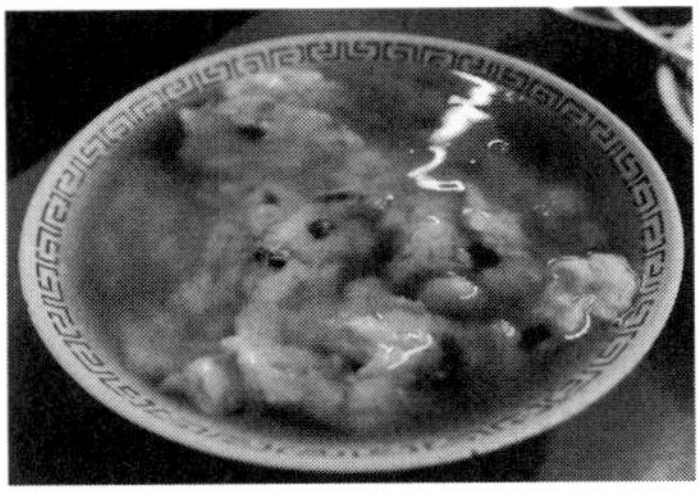

写真⑯

*28 この一帯で特に人気の中華料理店。こちらは本館で別館もある。某口コミレビューサイトでは3・45の高評価で、どの口コミも愛に溢れている。オムライスもオススメとのこと。

写真⑰

最初に見せていただいたのは50年前の会社設立当時のダイヤグラム[*29]［写真⑰］です。こちらはファン向けに販売されたものです。

驚きだったのは、栄駅付近に操車場があったことです。もともとはそこで貨物列車の組成や入れ替え等が行われていたとか。どうりで駅前一帯が広い公園やロータリーになっていたわけです。そこにヤードがあったんですね。

そして、貨物路線も東水島方面以外にも、あとふたつも出ていたことがわかりました。30年前に高架化された後は、倉敷貨物ターミナル駅と、東水島駅とに貨物駅やヤード機能が移されました。その後、支線も廃止となり、現在の形に。

水島臨海鉄道の貨物列車の積み荷の多くは化学製品です。近くに大きな工場がいくつもあるため、いろいろな物資が行き来します。

私の訪問したこの日は、何年かに一度の大寒波襲来の週で、全国各地で悪天候による輸送障害が起きていた週でした。ほぼダイヤは回復して

＊29　50年前の青焼きのダイヤをそのままの風合いで復刻。倉敷市駅や球場前駅は当時の場所が現在とズレているため、キロ程に違いがある。また今は無き駅も記載されている。さらに、現在は使用されていない「タブレット」方式や「票券」の表記もみられる。

写真⑱

いましたが、その前日だったら運休を連発していたかもしれません。

　この水島臨海鉄道は、岡山貨物ターミナル駅をハブ駅[*30]として全国とつながっているため、たとえば岡山から遠く離れた、東北地方の雪やダイヤ乱れなどの影響も受けます。コンテナが帰ってこない、もしくは出荷しても目的地駅まで到達できないため出発を見送り、ダイヤが正常に近づくのを待ってから出荷するのです「写真⑱」。

　天気予報を見る際も、普段私たちは、自分の住んでいるエリアの天気予報しか見ることはありませんが、中田さんは全国各地の天気予報をチェックするとか。水島臨海鉄道は線路で全国とつながっているのです。

　そのあとは、水島臨海鉄道の機関士さんは、岡山まで行くのではなく、倉敷駅のホームの停止位置まで列車を止めた後、ＪＲ貨物の運転士さんにバトンタッチするという話などを聞き、「とらや」を後にしました。

＊30　岡山貨物ターミナル駅は山陽本線に属し、山陰方面との分岐地点だけでなく、水島臨海鉄道港東線東水島駅、山陽本線東福山駅との中継駅として機能している。通運事業者は、日本通運、岡山県貨物運送、谷川運輸倉庫、岡山通運、水島臨海通運など。

最後は廃線跡へ

最後にご案内いただいたのは、先ほどお話にも出てきた廃線跡[*31]です。

かつては、倉敷貨物ターミナル駅から、スイッチバックする形で工場まで直接入っていましたが、その路線はほとんど撤去されていました。ただ、まだ線路が一部残っています。大きな踏切跡もありました。新たに埋められて、アスファルトの部分だけが新しいのですが、そのアスファルト自体も経年しており、ここが使われなくなってから長い歳月を経ていることを感じます。

写真⑲

しかし、入換が行われていたと思われる部分には、草ボーボーではありますがまだしっかりと面影[*32]が残っていました。中田さんも、ここで機関車のハンドルを握って

*31 西埠頭線は、三菱自工前駅～西埠頭駅間の0・8㎞の貨物専用線。1962年に倉敷市営鉄道として水島港駅～西埠頭駅間が開業し、のちに起点が水島港駅から三菱自工前駅に変更された。2015年7月25日に運行休止し、2016年7月15日に廃止となり、線路・遮断機・信号機が撤去された。

*32 かつて列車が走っていた面影は、線路や枕木が撤去されていても、鉄道線路に敷かれていたバラスト（敷石）や、鉄橋が一部残っていたりする箇所から感じられる。現在はサイクリングロードや公園になっていたりする廃線跡もあり、地図や立地からも鉄道の面影を感じることもある。京都府の旧加悦鉄道の廃線跡を活用した加悦岩滝自転車道線

いたこともあったそうです［写真⓳］。

当時は、主にタンク車が運行されていました。昭和時代はどこにでも当たり前に走っていたタンク輸送。いわゆる車扱列車[*33]ですね。水島臨海鉄道では、時期的に最後のほうまで、このタンク輸送が活躍していたそうです。

タンク車には中の液体が固まらないように加温する設備がついていました。当時のトラック輸送では、それができなかったことが、タンク車が選ばれる大きな理由でした。

しかし、トラックにもその加温設備が搭載されたことで、次第に小回りのきくトラック輸送に切り替わっていったとか。モータリゼーションの発達とトラック輸送量の増加ともに、貨物輸送は減ってきました。

しかし、脱炭素の世界的流れや、トラックドライバーの待遇改善が叫ばれる昨今は、またタンクコンテナ輸送に切り替えられる会社が増えてきました。なんだかんだいって最後に選ばれるというのは、とてもうれしいことでしょう。

最後にもうひとつの撮影スポットへ。岡山貨物ターミナル駅から東水

や、愛知県の名鉄三河線跡地を活用した碧南レールパークなどがそれにあたる。

＊33 貨車を1両単位で貸し切って輸送する形態。

写真⑳

島行きの夕方の便を、S字カーブと水鏡[*34]が期待できるポイントで撮影します［写真⑳］。

事前の情報によれば、このあとくる列車は長大な編成ではなく、短い編成で、なおかつ、機関車の次は空車[*35]なんだとか。どうやったらうまく撮影できるのかしら。望遠レンズを持っていれば、やや離れたところからかっこよく撮影できるのですが、私のカメラは、割と広く撮影する用のレンズで望遠にはあまり向かないので不安が残ります。

「列車はゆっくり入ってきますよ」のアドバイス通り、たしかに列車はゆっくりと走ってきました。あいにくの寒波のおり、冷たい風で水面が波立っていたので、水鏡は諦めるしかありません。でも、何とか陽だけには恵まれました。夕日に映える赤がとてもきれいです［写真㉑］。

橋を通過した列車は踏切手前で一旦停止をするので、踏切まで先回りして列車を見ることにします。忙しくはありましたが、結果的に正面か

＊34
海面や湖面などの水面反射する姿を移し込む写真の技法。鏡のように反転した被写体が映る。大事なのは大きな水面であること。できる限り風がない日であること。水面に近いほど遠くの風景が反射して映るので、できるだけ低くカメラを構えることである。

＊35
コンテナを積んでない状態のコキ車のことをこう呼ぶ。空車を見るとテンションが上がるのはマニア中のマニア。このコキは岡山で交番検査が終わったばかりだった。

写真㉑

らやってくる貨物列車が踏み切りを越えて貨物駅に入ってくる姿も撮影に成功。貨物列車は何度もシャッターチャンス[*36]があって、とても親切な被写体だと思いました。

さて、日没も近くなり、取材はこちらで終了です。栄駅から乗った倉敷市駅行きディーゼルカーには途中駅から部活帰り[*37]の高校生がたくさん乗ってきて、とても賑やかになりました。

彼らが日本経済を支えるようになり、やがて私と同じ年代になったときに、ＤＤ２００形が最古参の機関車となり、また新しい機関車が導入されているんでしょう。

水島臨海鉄道を訪れるたび印象に残るのは、貨物列車が日常に溶け込んでいるところです。観光よりは、地元の通学通勤のお客様がほとんど。貨物列車はそこにあるのが当たり前で、カメラを向ける人もいなければ、足を止めることすらしません。でも、でもそれがいいんです。貨物列車は当たり前に存在し、人々の暮らしや豊かさを支えているのです。

＊36 デジタルカメラになってからはフィルムの枚数やコストを気にすることなくたくさんシャッターを切れるようになった。撮り鉄の増加とデジタルカメラの進化は切っても切り離せない。

＊37 筆者の中学、高校の部活は「吹奏楽部」。クラリネットを担当し、高校3年生のときには部長を務めた。吹奏楽コンクールの最高位は中学3年の時の金賞。そのときの自由曲は「仮面幻想」であった（大栗裕作曲）。

写真㉒

ものすごく寒い1日でしたが、最後に倉敷市駅の近くにあるマンホールをチェックし、帰路につきました［写真㉒］。

第4章

企業コンテナ研究

・株式会社パロマ
・向後スターチ株式会社

訪問企業①

パロマ

「赤パロマ」「白パロマ」。この単語が鉄道ファンの間で浸透してきたのは、およそ5年ほど前でしょうか。誰が言ったか知らないが、パロマの貨車を見ると幸せになるのだとか。おかげさまで、鉄道ファンはパロマのコンテナを見るたび、幸せな気分になりました。その都市伝説の根元にあったのは、滅多に見ることができないレアさにあったことは間違いありませんが、今回はパロマさんに、このコンテナの誕生秘話をお聞きしました。（取材は愛知県のパロマ本社とリモートで行いました）

幸せを運ぶ紅白のコンテナ

取材に対応いただいたのは購買部の青木さんと広報室の近藤さん。お

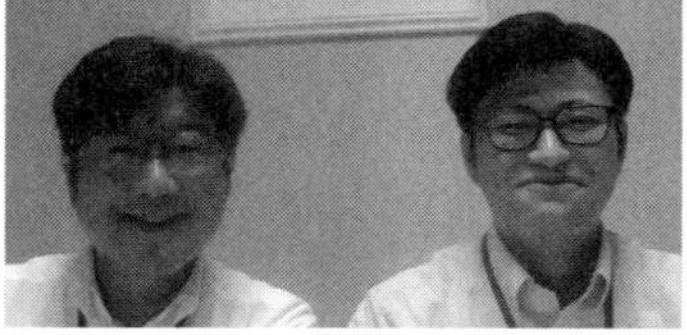

二人ともコンテナの誕生に深く関わっています。

と、その前に、まずは会社の概要から。

愛知県名古屋市瑞穂区に本社を置く株式会社パロマ[*1]は、1911年にガスや電気器具の会社として設立された、100年以上の歴史を持つ会社です〈図版1〉。

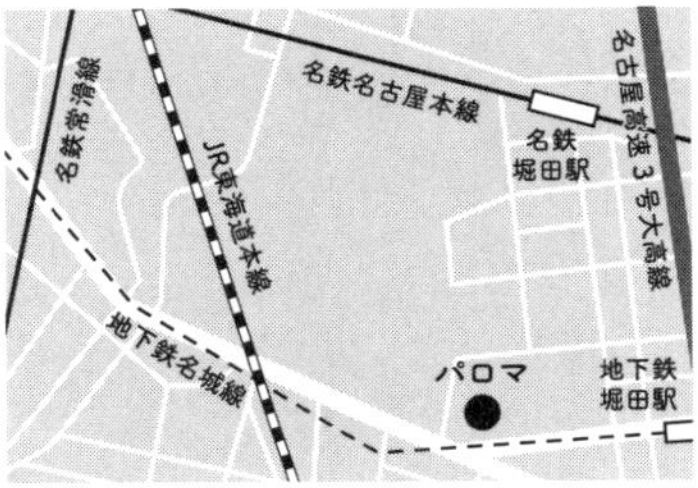

〈図版1〉

現在の国内拠点は生産拠点10ヶ所、営業所は47都道府県で78ヶ所。物流センター[*2]は全国で13拠点あります。そして社員の研修センターも8ヶ所あります。

主な製品は、ガスコンロ、ガスビルトインコンロ、ガス給湯器、給湯器リモコン等。最近は環境問題を意識した熱効率の良い商品をお勧めしているそうです。

また、家庭用だけでなく業務用製品[*3]も大きく展開されていて、某大手牛丼チェーンのご飯はパロマ製のガス炊飯器[*4]で炊かれているとのこと。

電気炊飯器に比べ、たくさんのお米を、さらに短時間でおいしく炊くこ

＊1 社是は「誠意と努力　創意と工夫　総力の結集　責任の自覚」。

＊2 2024年には茨城に開設予定。

＊3 誰もが知っているハンバーガーチェーンのポテトフライヤーもパロマ製。ピロリピロリというアラームはM社とパロマと共同で開発した。

＊4 強い火力で一気にごはんを炊き上げるガス炊飯器は、釜の底から広く加熱し、釜の中で大きな対流を起こすので、ふっくらとした仕上がりになる。さらに短時間で沸騰させるので、米に旨味をとじこめることができる。

とが出来るのは飲食店にとって大きなメリットですよね。私たち消費者は知らない間にパロマ製品のお世話になっているのです。

直近では、北米を中心に高価な商品が売れるようになってきたこともあり、ここ2〜3年の業績は著しく伸びているそうです。[*5]

業績が好調なのは他にも理由があります。

まず内製率が高いこと。[*6] 製品に使われる部品のほどんどは、自社内で作られたものを使用しています。海外製品に頼らないことで、原材料価格や輸送コストによる価格高騰を抑えることができています。

また、国内にある工場の特徴として、急な需要や注文等に応じて動かすリザーブラインが設けられているところもパロマ社の特徴だそうです。

海外向け輸出が好調ということで、海外15ヶ国にも拠点があります。出荷先はなんと80ヶ国を上回るということで、オセアニア、北米、南米、中国、さらに、現在はヨーロッパにも力を入れています。売り上げの90%はなんと海外での売上です。これは国内の同業他社に比べて圧倒的に高い比率です。環境への配慮、[*7] 地域活性化への貢献にも、[*8] 企業として積極的に取り組んでいて、パロマを知らない人は名古屋ではいないでしょう。

＊5
2022年の売上高は9074億円となっており、営業利益は1134億円。

＊6
その部品の中でもおよそ7割は自社で制作。

＊7
地球環境への配慮にも目標値を設定して取り組んでいて、商品を輸送するときに貨物鉄道を一定割合以上利用している場合に与えられるエコレールマーク認証をうけている。

＊8
名古屋市が運営するスポーツパークのネーミングライツを取得。2015年から名古屋グランパスのホームスタジアムは「パロマ瑞穂スタジアム」として親しまれている。またスタジアムで

写真❶

行きと帰りで違う荷物を積んでいる

［写真❶］

そろそろ本題に入りましょう。ズバリこの「赤パロマ」、「白パロマ」コンテナは何を運んでいるのでしょうか。

「この赤・白コンテナは、北海道から愛知県にある大口工場までの間の、部品の輸送[*9]のために使っています」

最初に大口にある工場で部品を作り、それらを北海道工場に送ります。北海道工場では「アッセンブル[*10]」といって半完成させ、それをふたたび大口工場に送り、そこで完成させるというサイクルになっているのだとか。行きは部品、帰りは完成間近の機器が搭載されているということで、往復でそれぞれ積載する荷物は違

使われる備品、ハードルや、記者席用のパラソルやパーテーション、児童公園用のベンチを寄贈し、芝生張り替えも行った。

＊9
生産工場から営業所への輸送する場合は、JR貨物が所有する一般コンテナで製品を輸送することも多い。

＊10
assemble。アセンブルとも。集めること。集めた部品を組み立てること。映画「アベンジャーズ」で使われる「アベンジャーズアッセンブル」はキャプテンアメリカの有名な決め台詞。

うんですね。

鉄道貨物で輸送するメリットはどこにあるのでしょう。

「1番大きいのはやはり『2024年問題』[*11]ですね。トラックドライバーさんの勤務時間の制約が出てくる中で、料金がどれだけ変動するのか不透明ですし、一方で、コンテナは、長距離を安価に大量輸送できるということが強みです。もちろん環境にやさしいという点もとても大事なことだと思っています」

鉄道ファンに幸せを運んでいる紅白のパロマコンテナは、どうやって誕生したのでしょう。

「もともとは赤のコンテナ1台のみで運用を検討しておりましたが、愛知の大口工場と、北海道工場[*12]を行ったり来たりするので、『せっかくやるならもう1台を入れたほうがいいんじゃないか』という意見が出て、2個入れることにしたんです」

パロマ社のロゴが赤と白ということで、コンテナも赤と白に。単なるコーポレートカラーというだけでなく、縁起担ぎの意味もありました、「紅白はめでたい」と社内からもおおむね好評だったようです。

＊11
働き方改革後半によって、ドライバーの労働時間に上限が設けられることにより生じる様々な問題。貨物の長所はもちろん環境に優しいという点で他の追随を許さない。たとえばCO2排出量は、トラック輸送のおよそ6分の1である。

＊12
北海道工業ベルト内の、登別市に位置する。1993年に設立され、今年で31年目。製品全般に使用する電子基板や、ガス給湯器のリモコンなどを主に製造。従業員は約150名。敷地面積33,058㎡。延床面積8,751㎡。

「コンテナを作る際にやはり他社のことは気になりました。〝ラッピングコンテナ〟[*13]はそれまでにブリヂストンさん他、各社さんがいろいろやられているのは見ていました」

ラッピングの企画が社で持ち上がったときは、多治見通運[*14]さんというコンテナ輸送量を確保されている会社とお付き合いがあり、各工場から貨物ターミナルまでの輸送をお願いしていました。そこと一緒になってラッピング企画を進めたらいいんじゃないという話が出たそうです。

「まあ正直、気軽な気持ちで始めたんです、実際にラッピングするのにお金がいくらかかるのかから始まり、いろいろと見積もりを取りました。その結果、広告宣伝にもなるし、やってみようということになり、社内ではすんなり稟議が通りました。面白いじゃんということで、やろうやろうという感じで社内も盛り上がりましたね。おかげさまで社長の決裁もすぐにおりました」

会社組織らしい、なかなかリアルな話です。実際に広告宣伝効果はあったとお考えですか？

「北海道から大口工場までルートが決まっているんですけれども、行き

＊13
日本石油輸送のリースコンテナを改良して作られた。鮮やかな紅白の色は、カッティングシートが貼られている。

＊14
本社は岐阜県多治見市　岐阜県多治見市・愛知県・名古屋市で、鉄道コンテナ輸送・貸切・路線便・倉庫・流通加工を展開　鉄道アーティスト小倉沙耶さんによるWEB解説https://www.tajimituuun.co.jp/blog/は読みごたえがある・小倉さんは貨物列車が好きすぎてこの会社へ就職し勤務していた実績がある逸材。

と帰りでルートが変わる場合がありまして、その際に都心を走れば、宣伝広告として意味があるのかなと。今回取材いただけたように、効果は出ていると思います」

私は目黒や渋谷や大宮や恵比寿など3086列車[*15]でよく見ます。初めて目撃したのも番組のロケ[*16]で、場所は私が務める目黒のホリプロ[*17]の近くでした。

噂には聞いていたのですが、初めて見たときは感動したものです。ラッピングコンテナは、広告宣伝が目的だということを今回聞き、ハッとしました。確かに鉄道ファンならず、鉄道を利用する多くの人の目に留まるので、絶大な宣伝効果がありますね。こちらの紅白パロマは平成27年にデビューしたので、かれこれ10年近く日本中を走っていることになります。これまでどれだけの方を幸せにしてきたのでしょう。

パロマは1万5千人もの社員さんがいらっしゃる大企業ですが、社員のみなさんは、このコンテナの存在をどのように思っているのでしょうか。

「デビューの際に本社工場でお披露目会イベントをやったんですよ。本

＊15
3086列車は山手貨物線を通過する貨物列車。札幌貨物ターミナル発名古屋貨物ターミナル行きで、3086として走る区間は札幌タから新鶴見までで、その先は列車番号が変わる。

＊16
テレビ朝日「テンション上がる会?」2017年11月5日放送
鉄道ファンのテンションが上がる「貨物列車」での話。出演者 MC今田耕司、指原莉乃 ゲスト小倉沙耶、野月貴弘(SUPER BELL"Z)、礼二(中川家)南田裕介)※敬称略50音順。

＊17
芸能界でも長い歴史と格式を持つ有名プロダクション。企業理念は「文化をプロモートする人間産業」。

社工場だったか、とても小規模で行ったんですよ」

ただ、社内の広報に載ったので、ほとんどの社員はその勇姿を見ることができました。今でも「パロマ」とｗｅｂで検索すると、最初のほうに「赤パロマ」という結果が出てくるので、日々、自社のコンテナを意識してしまうというのは面白いと思いました。

貨物ファンがパロマコンテナを追っかけることに対しても聞いてみました。

「写真を撮っていただいて非常にうれしく思います。ＳＮＳ[*18]やYouTubeにアップしていただいてるの見てると、私たちもわざわざラッピングコンテナを作った甲斐があったなとうれしいですね」

当初は貨物ファンのみで話題でしたが、その後Ｎゲージ[*19]で商品化され、さらに多くの鉄道ファンの知るところとなりました。

鉄道ファンから火がついたパロマのコンテナですが、社内にも鉄道好きは多いのでしょうか。

「そうですね。鉄道好きが集まる『ジオラマ倶楽部[*20]』というのがありまして、最初はＮゲージ鉄道模型から始まって、今ではお城のジオラマま

＊18
インスタグラムで赤パロマを検索すると223件、白パロマは181件ヒットする。パロマのインスタアカウントはこちら@paloma_since1911 YouTubeチャンネルも人気である。

＊19
C-1428 12fコンテナUR19Aタイプ パロマ（2個入・定価1400円）は株式会社 朗堂から2018年に限定販売されたが即完売。筆者も個人的に購入しておりプレミアが付いていることを期待しているが、2024年に再販売の噂が。

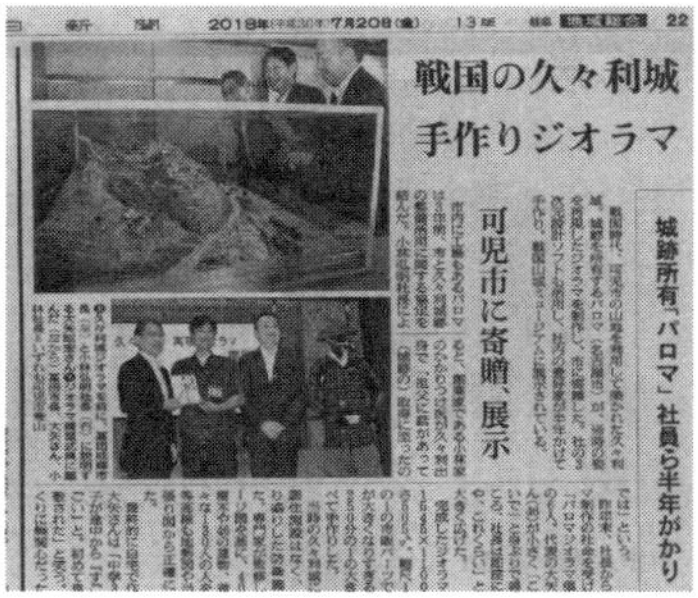
城跡所有「パロマ」社員ら半年がかり

戦国の久々利城
手作りジオラマ

可児市に寄贈、展示

写真❷　2018年7月20日の朝日新聞より

で作るようになり、2018年には岐阜県の久々利城[21]も作って可児市に寄贈をさせていただいた実績があります［写真❷］」

製品だけでなく、緻密な再現ジオラマも内製ということで、制作費は実は社長のポケットマネーから出てるといいます。

「社長もこういった細かいものが好きなんだと思いますよ」

コンテナとは地味なものという概念を覆したパロマコンテナはまさに、コンテナの歴史を変えたといってもいいかもしれません。最後に、コンテナファンの皆様に一言お願いします。

「これまで何度も取材の依頼[22]をいただき、人気になった我が社のコンテナですが、コンテナというのは、風雨でだんだん劣化しますので、定期的にクリーニングしてきれいにしています。できればきれいなところを撮って、投稿していただきたいですね。現在まだ更新する予定は無いんですが、ずっと同じデザインでやってきているので、いつか新しいもの

＊20
2018年から活動を開始した、パロマの社外活動団体。メンバーは工場や本社に勤務するジオラマ好き社員6名で構成されている。ちなみに倶楽部の代表はパロマ大口工場で日々ガス給湯器を作っている大矢昭宏氏。活動は不定期だが、ミッションがあれば集中して行う。岐阜県可児市への再現ジオラマ寄贈で、可児市文化功労賞を受賞。随時メンバー募集中。

＊21
岐阜県可児市にあった城。土岐三河守悪五郎が築城したといわれるが築城年代は不詳。ジオラマ倶楽部はこの実績が認められ2020年には2作目となる「美濃金山城再現ジオラマ」を寄贈。メンバーの6人が約1年2ヶ月、延べ1,000時間をかけて制作した。

写真❸　ゆづるさんご提供

に変えられたらなぁと思っています」

最後に、激レアの写真を一枚。

なんと赤パロマと白パロマとが同時に積載されている一枚です。基本的に北海道からと大口工場からは同日に出荷されるので、日本のどこかですれ違って[*23]はいるはずですが、同じ車両に同時に並ぶのはかなりレアです［写真❸］。

＊22　筆者が最初に赤パロマに出会った日の番組のこともよく覚えていてくれた。

＊23　決定的な映像や写真はまだ見つかっていないとされる。

訪問企業②

向後スターチ

「向後スターチ」――その社名にピンときたあなたは立派な貨物通です。それはとあるものを運ぶために作られた独特の形状のコンテナにありま す。本社は千葉ですが、東京営業所が錦糸町にあるのでいろんなお話を聞きたくてお邪魔します。

一度見たら忘れられない水飴専用コンテナ［写真❶］

ＪＲ錦糸町駅、東京スカイツリーの見える側の出口を出て徒歩7分。蒙古タンメン中本の2階に東京営業所[*1]はありました。

「向後スターチ株式会社の東京営業所所長の鈴木です。そしてこちらは営業の鈴木です」

＊1　本社は、本社は千葉県旭市飯岡に、工場は千葉県旭市の総武本線の脇にある。

お二方でご対応いただけるとのこと。とてもありがたいです。どうぞよろしくお願いいたします

向後スターチは大正元年に創業されましたが、明治時代の末期にはすでに創業者の向後久三郎という名前は知られていました。

「もともと千葉の会社なんです。千葉にほど近い錦糸町に東京営業所があるのは、昔は千葉からの貨物列車が両国までしか走っていなかったこと。そして両国や錦糸町に駄菓子の問屋さんがたくさんあったからです」

写真❶

かつての両国は大きなターミナル[*2]、房総半島からの貨物列車や荷物列車は両国駅が東京の終着駅となっていました。

1970年に両国駅発着の貨物は廃止されましたが、今でもその名残があり、使われなくなった3番ホームは現在イベントスペースとして活用されています。JR東日本千葉支社の管内は両国のひとつ先の浅草橋までとなっているところも趣深いですね。

＊2
それまで両国発着だったが、総武線の利用が増えたため、東京駅と錦糸町駅を結ぶ地下新線の建設が計画された。その結果、両国駅はターミナルではなくなった。

「商品を卸す営業拠点としてこの支社が建てられたんです。今ではマンションですけど、数年前までは二階建ての小さな事務所の建物だったんですよ。２ｔトラックがよくきていまして」

　今回お話をお聞きしたいのは、向後スターチのメインの商品「水飴」の水飴専用コンテナを用いた輸送に関してです。

「ところで水飴の原料って何かご存知ですか？」

　と営業の鈴木さんから先制パンチ。すいません知りませんでした。でも、どう考えても砂糖[*3]じゃないのか？　いや、違うかもしれないな。

「砂糖ではありません。正解は澱粉です。昔はさつまいもで作られていましたが、現在ではとうもろこしから澱粉を取り出して、水飴にしているんですよ」

　砂糖が原料ではないんですね？　でも水飴って透明ですよね、デンプンって白いですよね、どうやったら透明になるんですかね？

「トウモロコシを粉砕し、遠心分離して澱粉[*4]を取り出すんです。ふだん皆さんが召し上がっている甘くておいしいトウモロコシはスイートコーンという種類なんですが、水飴の原料となるのはデント種[*5]という澱粉が

＊3
砂糖と水飴とでは甘さの成分が全然違い、１／３程度。

＊4
澱粉質以外の皮やたんぱく室は家畜のえさになり、胚芽は製油会社でしぼるとコーンサラダオイルになる。

＊5
トウモロコシの粒の真ん中がくぼんで、まる馬の歯に見えることからこの名が付いたという。でん粉含量が非常に高いことが特徴。

豊かに含まれているものです」

　その取り出した澱粉を加水分解していくと甘くなるのですが、ここから先は科学の話になっていくので割愛。わかりやすくいうと、取り出した澱粉を無色透明な水飴にしていくのが、向後スターチさんの仕事なんです。ろ過と濃縮を三度繰り返すことで透明な水飴を作っているそうです。

「ご存知のように、千葉や茨城はさつまいもがたくさん収穫されます。大正時代には水飴の業者が200社ほどあって、『雨が降ったら雨水が甘い』と言われていたほどでした」と所長の鈴木さん。

　なるほど。貨物の話につながっていくのですが、水飴はどういった用途で使われているんですか？　よくよく考えてみると、縁日で水飴をぐねぐね回した思い出しかなく、それ以外で水飴に触れることは、これまでの人生ありませんでした。ちょっと水飴の基本情報を教わりましょう。

「水飴は、[*6]実にいろいろな食材に使われています。[*7]そのまま召し上がる以外に、キャンディー類、ソフトキャンディー、グミなどのお菓子に用いられたり、または北京ダック、中国料理の北京ダックの照りを出すの

＊6
酸糖化水あめ、酵素糖化水あめ、麦芽の風味を特長とする麦芽糖化水あめなどがある。砂糖に比べマイルドな甘味と適度な粘性をもつ

＊7
他にも、焼肉のたれ、焼き鳥のたれ、あとは天津甘栗の照りをだすのにも用いられている。

に使われています。和菓子のあんこもそうですね。あんこは小豆と砂糖で作るのですが、砂糖は結晶してシャリシャリになってしまいますので、水飴を使っているんです。後はジャムですね」

なるほどジャムに入っているのか。注意してみたことがなかったなぁ。各食品メーカーとお付き合いがあることがわかった向後スターチさんですが、タンクコンテナはいくつお持ちなのでしょうか?

「三つ持ってます。12フィートコンテナふたつ、20フィートコンテナがひとつですね。それぞれ5tもしくは10tの水飴が輸送できます」

ひとつではないとは思っていましたが、なんと三つあったとは。営業の鈴木さんがモニター画像を使って、専用コンテナを見せてくれました。そこには見覚えのある「向後スターチ」の文字と、「水飴専用」という表記も見えます。

コンテナ番号はUT4A-58、UT4A-62、UT9A-5045。[*8]

私の見たのは12フィートコンテナでした。

「このコンテナ三つを駆使して水飴を出荷しています」

もちろん、タンクコンテナ以外にもローリーや、一斗缶などでも出荷

＊8
私有コンテナのコンテナ番号の最初にUがつく。次のT＝タンクを意味する。それ以外にも、F＝冷凍 G＝電源 H＝ホッパ L＝活魚 M＝無蓋（むがい） R＝冷蔵 V＝通風などの区分がある。

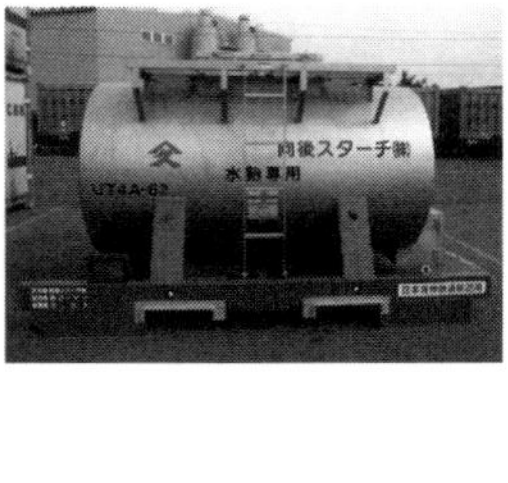

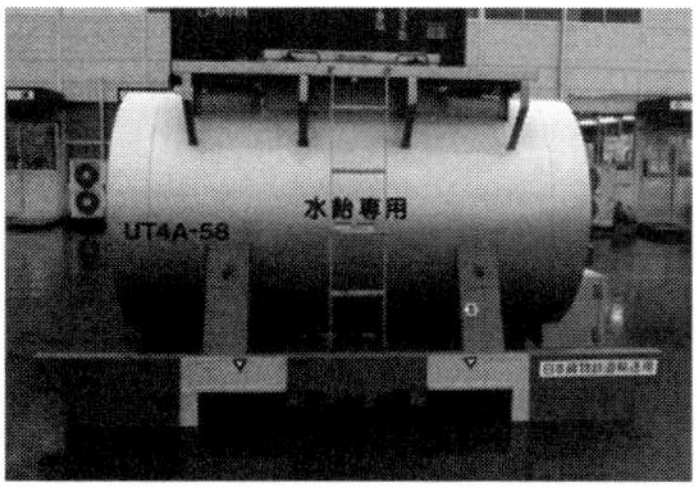

写真❷

しています。そもそも、なぜ自社のタンクコンテナを使って鉄道貨物輸送しているのでしょう。

「もともとは利便性を重視していたからです。昨今のCO_2の問題や今の環境を考えると、遠方はなるべく鉄道貨物を使用していきたいと思っています［写真❷］」。

ちなみに、12ftのコンテナはもともと前の持ち主*9から譲り受ける形で、向後スターチさんのコンテナになりました。タンクコンテナにも第二の人生があるんですね。こうして会社の仲間として歓迎されたのだなと思うと、胸が熱くなります。

ちなみにコンテナは上部の蓋が開き、最初に千葉県の工場で水飴を充填して出発して、荷主さんのところに到着した後は、コンテナ下部にあるバルブから水飴を抜き出すそうです。ところで、水飴って液体なんですか？

「水飴はですね、はちみつぐらいの柔らかさ

＊9
その会社は参松工業。1965年には世界初の異性化糖の製造に成功するなど業界を牽引したが、2004年に民事再生法を申請。

で、出荷の際は温度を少し上げてから流動的にしてるんです。その温度は…**企業秘密です**（キッパリ）」

研究に研究を重ねて、編み出した輸送技法なので、門外不出とのこと。熱すぎても水飴が変色してしまうというので、きっと長い時間をかけてここまで辿り着いたんでしょう。

コンテナはどこからどこに向けて出荷されるのか聞いてみました。

「千葉の工場を出発して、千葉貨物駅[*10]に運ばれます。その先も…**企業秘密ですね！**」

お客様・荷主様あってことで、明言を避けられたのは、到着駅や路線が明らかになると、沿線のメーカーが限定されるわけで、企業名が明らかになってしまうのを避けたいという思いがあるようです。輸送頻度についても聞いてみました。

「輸送頻度は、すいません、**企業秘密です**」

なんと三回目の企業秘密。

「出荷の頻度を明らかにすると、取引先のメーカーさんの出荷状況並びに売り上げ類推に直結してしまうので、この場では申し上げられないん

＊10 京葉臨海鉄道の貨物駅　京葉臨海鉄道のハブ駅になっている。2021年には新型機関車DF200「RED MARINE」が導入され注目の貨物駅。JRの最寄りの駅は内房線浜野駅。

です」

　ミステリーはさらなる謎を呼びます。ますますこのコンテナに興味が湧いてきました。お二人に、最近は水飴専用タンクコンテナに興味がある人がたくさんいることをお伝えしました。

「初めて聞いたときはびっくりしましたよ。私たちは毎日の当たり前のことをしているだけなんでね。もし、撮影をされる際は、ぜひ水飴を使ったキャンディー等で糖分を補給していただき楽しんでいただけたら」

　でも、どこのメーカーの商品かわからないんですよね……。向後スターチをあとにした私は、家に帰る前にコンビニで、ジャム[*11]を購入しました。裏書を見ると、やはり水飴が使われていました。もしかしたら向後スターチのタンクコンテナで運ばれた水飴が使用されているかも？

　翌朝パンに塗って食べたジャムの味は、いつもより深くやさしい甘さがしました。

＊11
「日本農林規格（JAS規格）」では、「果実、野菜、又は花弁を砂糖類、糖アルコールまたは蜂蜜とともにゼリー化するようになるまで加熱したもの、及びそれに酒類、かんきつ類の果汁、ゲル化剤、酸味料、香料等を加えたもの」と定義している。ジャム類のうち、かんきつ類の果実を原料としたもので、かんきつ類の果皮が認められるものをマーマレード、果実等の搾汁を原料としたものをゼリー、マーマレード及びゼリー以外のものをジャムと呼ぶ（農林水産省HPより抜粋）。

ちなみに、筆者の好きなジャム類ランキングは、第1位　いちごジャム　第2位　オレンジマーマレード　第3位　ブルーベリージャム。

第5章

三岐鉄道探訪記

JR富田～東藤原23.1kmの区間で貨物輸送を行っており、太平洋セメント株式会社藤原工場で生産されるセメント及びその関連製品、原料などをJR線へ継送している。

intragramアカウント@sangirail

セメントを都心に運ぶローカル貨物線

午前8時。近鉄富田駅で、鉄道1日フリー切符を購入します。今日は三重県にやってきました。この近鉄富田駅から三岐鉄道[*1]三岐線の貨物旅が始まります。

午前8時10分近鉄富田駅。3番乗り場に私が乗る予定の電車が止まっています。これは西武鉄道から来た101形[*2]電車です［写真❶］。三岐鉄道の明るい黄色とオレンジ色のカラー[*3]にペイントされています。見慣れた西武線の印象が強く、最初は違和感があったのですが、だんだん似合ってるように思えてきました。こうやって譲渡車両が地元の鉄道に馴染んでいるのを見るのはいいものですね。

8時17分西藤原行きのドアが閉まり、列車はホームをゆっくりと離れていきます。旅の始ま

写真❶

---

*1 三岐鉄道株式会社（さんぎてつどう）は、三重県北部の北勢地域で三岐線と北勢線の鉄道2路線を運営するほか、路線バス・貸切バス事業などを行っている鉄道会社である。

*2 1990年から1993年にかけて、401、405、409編成がそれぞれ譲渡された。譲渡に際してはワンマン運転対応に変更されている。

*3 快適性、安全性を重視して、さらに周囲の環境にも配慮した配色である。

りです。

この一帯の路線図はかなり複雑です〈図版1〉。

富田駅を出た電車は近鉄と並走しながら、鉄橋でJR関西本線[*4]をまたぎます。そこからしばらくいくと右手の車窓にJRの富田駅が見えるのですが、そこに貨物がいるかどうかで、今日の貨物列車の運行状況がある程度わかります。

今日はどうだろうか。停まってますね。貨物列車がいましたが、石油タンクですので、四日市行きのJRの貨物列車でしょうか。

三岐鉄道線への貨車らしき姿は目視することができません。果たして、今日は貨物列車を運行しているのでしょうか。

さて、今回乗車する三岐鉄道ですが、三岐線と北勢線と2路線を運行する私鉄です。北勢線は日本

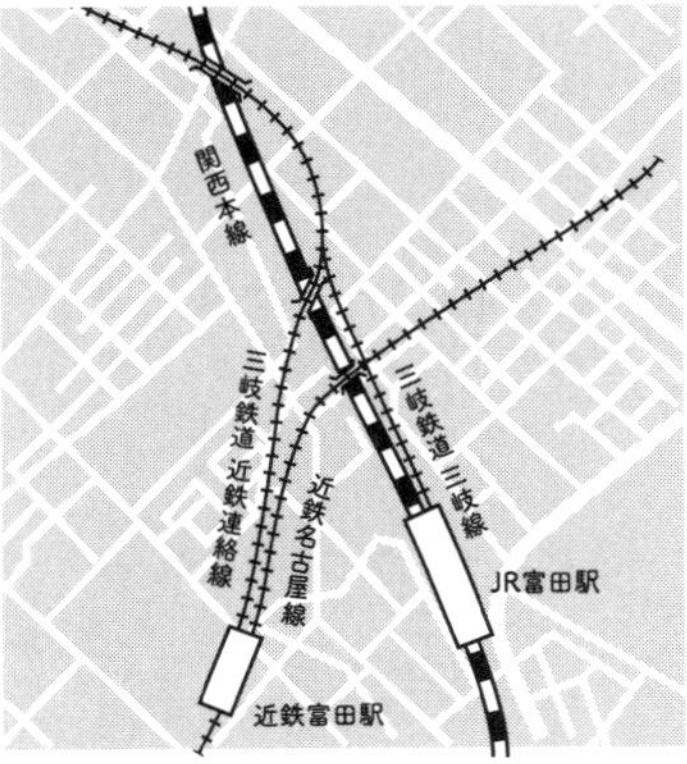

〈図版1〉

＊4
かつて三岐鉄道は近鉄線とは接続していなかった。旅客列車も現在の貨物線を通って国鉄富田駅と接続していた。厳密には三岐鉄道三岐線はJR富田と接続。近鉄富田に接続している路線は近鉄連絡線。なお近鉄連絡線が開業したのは1970年。その後は近鉄富田駅からと国鉄富田からとの旅客列車が混在したが、1985年には国鉄富田駅からの旅客列車は廃止となり、現在の運行形態となった。

でも珍しいナローゲージ[*5]としても有名です。

今回私が旅をしている三岐線は、近鉄富田駅から西藤原駅までを結ぶ26・6km路線で、ほとんどの駅で駅前駐車場・駐輪場が無料で利用できるパーク&ライドを展開するなど、地域のお客さんの大事な足となっています。こちらでは4種類の電車が走っていますが、いずれも西武鉄道からの譲渡車です。

いっぽう貨物輸送ですが、JR富田駅から東藤原駅までの23・1kmの区間で、太平洋セメント藤原工場で生産されるセメント及びその関連製品、原料などをJR線へ継送[*6]していて、多いときは1日に8往復していて、地域産業の動脈となっています。

こちらの貨物路線では電気機関車ED45が重連[*7]を組んで、任務に就いてしています。古いものでは昭和25年製造の大ベテランですが、いまだに現役で積荷は40t×16両。貨車の自重を含めると実に総重量880tもの列車をけん引しています。

8時28分　保々駅到着。

この駅には車庫があり、貨物列車用の電気機関車はここが本拠地です。

＊5
日本に3社4路線しかない軌間762㎜の路線。平成15年4月から近畿日本鉄道からの事業譲受により、西桑名〜阿下喜20・4kmの区間で旅客輸送を営業している。

＊6
貨物を発車する基地と到着する基地間の途中駅において、列車から他の列車へ、貨車、またはコンテナ単位で連結して輸送すること。

＊7
デッキ付きの小型電気機関車が重連で牽引。

ここにたくさんの機関車がいると、貨物列車の運行に出会えるのはあまり期待できない、という目安にもなります。

さて、今日はどうかしら。車庫が左手に見えてきましたね。お、電気機関車が何両も留置されています。微妙な数ですね。今日は果たして貨物列車は運行しているのでしょうか。電車は次の駅へと向かいます。

8時31分　保々駅発。

今回の三岐鉄道の貨物旅の目的は四つあります。
1　かっこいい貨物列車の写真を撮ること。
2　貨物博物館の展示貨車を見学すること。
3　東藤原駅での入換作業を見学すること。
4　西藤原駅まで三岐鉄道を完乗すること。
これらをクリアすることが本日のミッションです。果たしてどうなるのか、そんなことを思っていると電車は保々駅を出発。すぐに小さな右カーブを描きます。駅を出てスピードに乗る前ですし、ここはなかなか良い撮影ポイント[*8]になりそうです。ここはチェックしておきましょう。

実は今回の旅はとてもスリリングな旅なんです。というのも、普段の

*8
ふだんはwebサイト「お立ち台通信」や、地図アプリなどを駆使して予習をするのだが、列車に乗って車内から撮影ポイントをさがす原始的な手法を用いざるを得なかった。一番効果的なのは、予習であらかじめ場所を絞って実際に確かめて列車を待つことだが、なかなかできない。これは私の性格によるものだろうか。

私はきっちりと行程を考えておくタイプで、どの列車に乗ってどの駅で降りるかすべてきっちりと決めてから計画するんですね。そんな私が、今回の旅のように目的だけを決めて行程が空白、というのはとても珍しいんです。

しかも今日は日曜日[*9]で、貨物列車が運行しているかどうかもわからない。とにかく、この旅がうまくいくことを祈りましょう。

8時37分　梅戸井駅下車。

緩いカーブを抜けて、梅戸井駅に列車が到着。交換設備[*10]のある駅で、直線のホームの横には道路が並走しています。まずはここで降ります。こぢんまりとしたホームには、昭和の雰囲気がまだまだ残り、タイムスリップした感覚があります。遠くには石灰石が採石できる藤原岳の姿が。

この駅周辺ではいい写真が撮れそうです。もしかしたら、表紙候補になるかも。もちろん貨物列車さえ来れば、ですが。信号はずっと赤のままです。

8時45分。

＊9
一般的に、土曜、日曜日運休の貨物列車は少なくない。ただこれは発駅の曜日なので、日を跨ぐ長距離列車の場合は注意が必要である。

＊10
三岐鉄道は単線。列車が行き違いできる交換設備を持つ駅は9駅もあり、きめ細かなダイヤ設定ができる。

せっかくなので、さらなる撮影ポイントを求めて駅の外に出ます。

もし貨物を撮影するなどこがいいだろうか？　線路のすぐ脇の道に、いいポイントがあったのですが、ちょっとだけ柵が気になります。できれば列車の正面もしっかり見たいので、なんとも悩ましいところです。

ふと、信号[*11]をみたところ「緑」！

この時間、上りの旅客列車はないはずで、これは貨物列車に違いありません。

写真❷

思いがけない幸運に興奮すると同時に、緊張が襲ってきました。なぜなら、私が上り貨物列車を撮影できるのは、これが最後のチャンスだからです。
カメラ操作があまり得意ではない鉄道ファンはこんなときどうするかといえば、とりあえず、撮影を失敗しないように愛用カメラ[*12]の絞りも、シャッター速度もオートに変更します。かっこいい写真を撮ろうなんて思ってはいけません。

＊11
緑、黄、赤はそれぞれ単独で点灯しているとき「G現示」と「Y現示」「R現示」という。たとえば緑がふたつ点灯する高速進行は「GG現示」、減速を示す黄と緑との点灯は「YG現示」。筆者はなるべくカッコつけるために、G現示のGを尊重して、信号の色を「緑」と呼ぶ。

＊12
初めてのマイカメラは、祖母の形見のフジフィルムのオートカメラ。シャッター半押しでピントを合わせる機能はすでに搭載されていた。中学生で父のお下がりでPENTAXの一眼レフを譲り受け70～210㎜のタムロンのズームレンズも買ってもらう。中間テストの平均点である70点を取ったご褒美だった。社会人になりEPSON、Canon、Nikonを経てLUMIXにいたる。

大事なのは失敗しないことなのです。

少し先にある踏み切りから撮影をすることにします。

8時48分。踏切が鳴ります。すぐに貨物列車が見えてきました。ゆっくりと貨物列車はやってきます。深呼吸をしてシャッターを切ります。その横を、貨物列車が静かに通過[*13]していきます［写真❷］。

電気機関車のモーターと、貨車のジョイント音に、踏み切りの音色が重なり、まるでオーケストラの演奏が行われているようです。指揮者はもちろん運転士さんです。時間にして数分でしたが、私はシャッターを夢中で押しながら、その音の余韻に酔いしれていました。

やがて、貨物列車は静かに静かに富田駅方面へ去っていきました。最初の狙い通りに背景に山は入りませんでしたが、なかなかいい写真が撮れたと思います。

9時20分。梅戸井駅からふたたび下り列車に乗車。

次の目的地は丹生川駅[*14]にします。丹生川駅脇にある貨物鉄道博物館に展示されている貨物車両の写真を撮ることが目的です。

やってきた列車は101形電車でした。しかも復刻塗装[*15]［写真❸］。

＊13 貨物列車はモーターを積んでいるのは機関車のみで、貨車には動力がないため比較的静かである。また雪の積もっている日は、雪が音を吸収するので、より静かに聞こえる。

＊14 「にゅうがわ」と読む。「にゅうがわ」と読む駅はもうひとつあり、漢字表記は「壬生川」。愛媛県予讃線の駅で、「しおかぜ」などの特急列車も停車する。丹生川駅に行くつもりで、誤って壬生川駅に行かないよう注意されたい。

＊15 開業90周年に合わせてペイント。昭和30～40年代をイメージ。

写真❸

写真❹

この列車のカラーが、昭和らしい雰囲気を演出して、沿線の風景にとても映えます。今が令和だということを忘れそうです。

列車に乗り込むと、静かにドアが閉まり、西藤原方面へ出発です。

9時27分　丹生川駅到着。

列車を降りると、ホームの横に貨車が展示されているのが目に入ります。ホームからよく見えます。展示されているタンク車の写真を撮った後に、改札口に向かいます。駅舎はとてもレトロな雰囲気で、プランター*16に花が植えられていてとても華やかです。しかもどの花もお手入れがきちんと行き届いているので、おそらく駅員さんが丁寧に育てているのでしょう。そんな小さなことからもローカル鉄道らしさを感じることができます［写真❹］。

＊16

駅に置かれているプランターは必ずチェックする。地元の高校生など、団体から寄贈されたものも多い。駅にある「活け花」もチェックは欠かせない。大きなガラスに収納されきれいに展示される駅もあれば、無造作に展示される駅もある。だが季節をテーマに活けられた作品は旅客を和ませる。以前、京王線の某駅では、まさにお花の先生が花を活けている瞬間に遭遇し、釘付けになってしまった。そういえば、駅ピアノを調律している瞬間に遭遇したときも感動した。

写真❺

写真❻

フリー切符を見せて改札口を抜け、先ほどホームで見たタンク車の近くへ行きます。タンク車がこんなに近くで見学できるなんて夢のようです。

図鑑[*17]や博物館展示で見たことはあるものの、走っていた頃の記憶がまったくない古い車両がたくさん展示されています。２軸のタンク車なんて、現役で走っていた記憶はまったくありません［写真❺］。

注目は一番奥に単独で留め置かれている、大物貨物のシキ１６０[*18]［写真❻］。少し華奢とも思える骨組みだけで造られた無骨なこの貨車が、最大１３０ｔもの巨大な積荷を運搬していたのが信じられません。

この貨物鉄道博物館は貨物列車研究家で、数多くの貨物車両の書籍を書かれた「プロフェッ

＊17 筆者が愛読していたのは「小学館の学習百科図鑑11鉄道・機関車と電車」。伯備線のSL三重連が、トンネルから飛び出してくる表紙が印象的だった。同シリーズの「特急列車」も擦り切れるまで読んだ。

＊18 1955年に1両のみが製造された130t積載の貨車。大型の変圧器を運ぶために製造された。全国で活躍したが2002年末に廃車。車体を二分割し、中間に変圧器を組み付けて吊掛式輸送で、特大貨物輸送を象徴する一台といえる。現存する吊掛式大物車では国内最古。

サー」吉岡心平氏の尽力もあって、２０２３年で創立20年を迎えます。

開館日は、月1回とかなり限定されますが、貨車の内部を開放したり、グッズ販売をしたり、ヘッドマークの展示をしたり、たくさんのお客様が訪れます。

9時45分　丹生川駅。

まもなく丹生川駅に貨物列車がやってくるとの情報をゲットします。どこで写真を撮ろうかと悩みましたが、駅反対側を通過するときのグネグネ感を出したいと思い陣取りました。

写真❼

やがて電気機関車重連に引っ張られたタンク車は、私の予想通りグネグネしながらホームに入ってきます。良い瞬間でシャッターは切れました。ピントが合ってるかどうかは神のみぞ知る……［写真❼］。
長い貨物列車はゆっくりと、しかし力強い足取りで山に向かって走っていきます。電気機関車を2両つなげているだけあって、見た目にも

＊19 開館日はHPあるいはSNSで確認できる。開館日でなくても一部車両は見学できる。X（旧Twitter）@FRM_2003

＊20 長大編成の列車のメジャーな撮影ポイントは、長い直線と、インカーブ（カーブの内側）である。少し難易度が高いが、カッコ良く撮れるのがカーブが続くグネグネである。S字グネグネの場合、アウトカーブ（カーブの外側）から狙い、いったん列車を死角にいれて、列車の最後方と一緒に写し込むのが理想。今回は望遠レンズがなかったため上手に撮れず。

力強さを感じます。私は次の目的地へ向かいます。

10時00分　丹生川発。

やってきた列車は再び101形電車でした。車内に入ると自転車がいくつも乗っていて、一瞬びっくりします。三岐鉄道三岐線では「サイクルトレイン」[*21]が実施されており、この光景は日常のことなのです。自転車の旅もきっといいものでしょう。

10時09分　東藤原駅到着。

貨物列車が動いていることがわかりましたので、この駅で入換作業をじっくり見学したいと思います。どんな感じで入換をしているでしょうか。駅舎は入換作業をする際の詰所を兼ねており、レンガ造り風の建屋が頼もしく映ります。

前回訪れたときは、平日だったからか、盛んに入換が行われていました。果たして今日はどうなのでしょう。

小さなホームとは対照的に広いヤードを備える東藤原駅。この駅の珍しいところはヤードの間に踏切があるところです。踏切から手の届くところにポイント転換テコがあるのがおもしろいですね。

＊21　三岐線大矢知駅～西藤原駅間の各駅で、電車に自転車を無料で持ち込んで乗車できる。レジャーでのサイクリング、ショッピングなどのちょっとした外出にも便利。

写真❽

写真❾

また、「入換時間」の記載もあります［写真❽］。長く踏切が鳴るので通行のご迷惑になるところを了承いただくための案内で、これは地元の方に向けたメッセージであるのですが、一方で私たち貨物ファンにとってはとてもありがたいお知らせでもあります。

山のほうから電気機関車がやってきました［写真❾］。

先ほど丹生川で見た貨物列車が、太平洋セメント藤原工場へ押し込んだあと、戻ってきたのでしょうか。２番ホームに据え付けられると、乗務員さんが降車されました。

10時20分。

建屋から乗務員さんたちが出てきました。これは入換作業が始まりの合図でしょうか。踏切の警報音が鳴り出し、重連の機関車が動き出しました。工場内に伸びる手前の線路を通るかと思いきや、意外なことに留置線のほうへ向かいます。踏切を渡ったところで停車。そこから転線をするかと思いきや、パンタグラフを降ろし、乗務員さんが下車して、詰所へ向かわれました。あれ、任務完了?(もしかしたら動きがあるかもと、ひたすら踏切で待つことおよそ60分)

11時30分。

東藤原駅に富田からやってきた下り貨物列車が到着。この列車は白い貨車、ホキ1100[*22]です。

衣浦臨海鉄道[*23]の碧南市駅と東藤原駅とのあいだで運行されている列車で、通称「白ホキ」[写真⑩]と呼ばれています。

東藤原駅→碧南市駅では炭酸カルシウムを輸送し、逆に碧南市駅→東藤原駅はフライアッシュ(石灰炭)を輸送しています。「行きは積載、帰りは回送」という貨物列車の宿命に抗うかのように、行きも帰りも積み荷を積載してい

写真⑩

＊22
ホキ1000は、35t積の「フライアッシュ」および「炭酸カルシウム」輸送専用のホッパ車として1990年5月に誕生。ホキ1000の後継車として2015年に誕生したのがホキ1100。

＊23
愛知県の武豊線より分岐する臨海鉄道。1975年に武豊線東成岩駅〜半田埠頭駅間の半田線(9・5㎞)が、1977年に武豊線東浦駅〜碧南市駅までの碧南線(8・2㎞)がそれぞれ開業。半田線にはコンテナ輸送を、碧南線は炭酸カルシウム・フライアッシュ輸送を行っている。

る効率のいい列車です。

ほどなく機関車が切り離され踏切がなります。さあ、機回しです。前から引っ張ってきた機関車が列車の後ろに回って、貨車を工場へ押し込みます。古い電気機関車の音はいいですね。踏切で方向を変え、ポイントを切り替え、外側の路線を通って、遠く見えなくなりましたが、そこでもスイッチバック[*24]して、機関車は反対側に連結されました。機回し完了[*25]です。

そして11時35分に踏切がまたなり始めて、貨車が先頭にやってきます。目の前を貨車が通り過ぎていきます。そして一番後ろに電気機関車。なだらかな坂を上るように工場内へ貨車は送り込まれていきました。

やがて、機関車だけが帰ってきて、目の前を通ります、2番線に据え付けられて、乗務員さんが降車、ここでまた小休止です。

11時45分。

駅のお手洗いで一息ついて、駅舎の待合室で暖を取り、ホームで停まっている電気機関車を見学。また乗務員さんが出てきました。どこかに貨車を取りに行くのでしょうか。興奮して見ていたら、機関車は西藤原方

＊24
機関車の位置を前から後ろに、または後ろから前に入換のための作業。最近の旅客列車は、機回しを省略する場合も多いが、貨物列車の入換では、頻繁に行われている。機回しの様子をイラストにしたTシャツを集めて、「着回し」を「着回し」て、1週間コーディネートしてみたい。

＊25
列車や車両が進行方向をかえて運転すること。私の人生もスイッチバックしてばかりである。

写真⑪

写真⑫

面へ向かっていきました。おそらく昼の富田駅行きの貨物列車を取りにいくのでしょう。

私もその機関車を追いかけるように、東藤原駅に別れを告げて、終点西藤原駅へ向かいます。

11時53分　西藤原行きに乗車。

東藤原駅を出てしばらくすると右手に太平洋セメント藤原工場が展開します［写真⑪］。先ほど貨物列車を取りに行った電気機関車が既に連結され、出発の準備が整っているようです。

引き上げ線[*26]が宙に浮いているように見える箇所が、なんとくですがロマンを感じます。こういうところがローカル鉄道の魅力だと思うのですが、どうでしょう。私は大好きです。

列車はゆっくりと走り続け、やがて終点西藤原駅に到着します。

12時00分　西藤原駅下車。

＊26 イメージとしては、銀河鉄道999が宇宙に向かって発車する際に走る線路のような印象。男女問わずロマンを感じるのではないか。

駅から見て左側に山が壁のように迫るホームには、歴代の車両が展示されていることに気がつきました。貨物博物館、東藤原駅の入換に気をとられていたため、西藤原駅での車両展示[*27]は、完全にノーマークでした。お恥ずかしい。じっくりと見たいところですが、折り返し時間は10分弱［写真⑫］。

つかの間ですが、機関車との会話を楽しみながら、改めてゆっくり来ることを約束します。

写真⑬

12時8分　西藤原駅発車。

列車は静かに西藤原駅を出発しました。帰りの列車に同乗したのは、観光客の方。登山[*28]の帰りでしょうか。

太平洋セメントの工場には、先程の列車はもうおらず、おそらく東藤原駅にいるのでしょう。

12時13分　東藤原駅到着。

少し坂を上り東藤原駅に到着。対面のホームには貨物列車［写真⑬］が出発準備完了して、

＊27 西藤原駅前ＳＬ公園には、蒸気機関車Ｅ１０２号機、電気機関車ＥＤ２２２号機、ディーゼル機関ＤＢ25号機が展示されていた。

＊28 西藤原駅から徒歩5分のところに、藤原岳（標高１１４０ｍ）の登山口がある。マイカーを使わずに登山できるとあって、訪れる登山客は多い。藤原岳には春には福寿草が咲く。福寿草の花言葉は「永久の幸福」。

そのときを待っていました。

私たちの乗る列車が先発ですので、スタンバイしている様子を車内から写真に収めます。

いろんな写真をパシャパシャと撮っていたら、最後にどうしても1ヶ所だけ、写真が撮りたい場所があることに気づいてしまいました。

丹生川駅の貨物鉄道博物館で展示されているシキ160の奥のほうに、なんとも良さげなカーブ[*29]があったことを思い出したのです。

今から丹生川駅で降りて、そのカーブまで行けば、後続の貨物列車の写真が撮れるのではないだろうか。

しかし、そうするとこの後の仕事が静岡であるのですが、到着が遅くなってしまいます。遅刻して迷惑をかけるわけにはいきません。

どうしよう。でも、静岡でタクシー乗れば間に合うか。いや、やっぱり静岡に急ごう。でも……。

2分ほど逡巡したのち、次の駅で降りることにしました。

12時21分　丹生川駅下車。

駅からは気持ち早足で進みます。すぐに貨物列車が来てしまうかもし

＊29
前の注釈で述べたインカーブの良い撮影ポイントのこと。機関車のアップと長い貨車を後ろまで画角に入れることができる。

れませんから、とにかく焦ります[*30]。

歩きながらカメラをセッティング。絞り、シャッタースピードオートマチックに入っていることを確認します。絶対に失敗できない場合の鉄板の設定です。

12時27分。撮影ポイント到着［写真⑭］。

12時35分。

狙いの貨物列車がやってきました。ゆっくりとやってきます。いや意外と早いのかな。貨物列車というのは、遠くから見るとゆっくりに見えますが、近くになるにつれ、スピードが出ているように感じるのがいつも不思議です。

近づいてくる列車。寒さなのか緊張なのか、武者震いなのかわかりませんが、震える指でシャッターをボタンを押します。

よし、撮れた。目前を通過する電気機関車が素晴らしいジョイント音を響かせます。その後

写真⑭

＊30
焦りにはもうひとつの理由があった。それはバッテリーだった。この日は雪こそ上がっていたものの気温は低く、スマホのバッテリーは順調に減っており、急に電源が切れてしまうこともたびたびあったからだ。そのため、なるべくLUMIXのカメラを使用していたが、酷使しすぎかこちらのバッテリーも順調に減っていた。肝心の貨物列車が来たときにバッテリー切れだけは避けなくてはいけない。予備のバッテリーも赤の点滅をしており、かなりピンチ。このとき、かつてどなたかの謎かけ作品が頭をよぎった。「スマートフォンとかけまして、野球チームとときます。そのこころは、どちらもバッテリーが大事でしょう」。最近ではレンタルモバイルバッテリー「chargespot」も合わせて活用している。

をタキ車が通過していきます。この中には多量のセメントが積載されているのでしょう。我々の生活が豊かになる物資を運んで、今日も貨物は走っています。鉄道ファンであることを誇りに思いながら、貨物列車の通過を眺めます［写真⑮］。

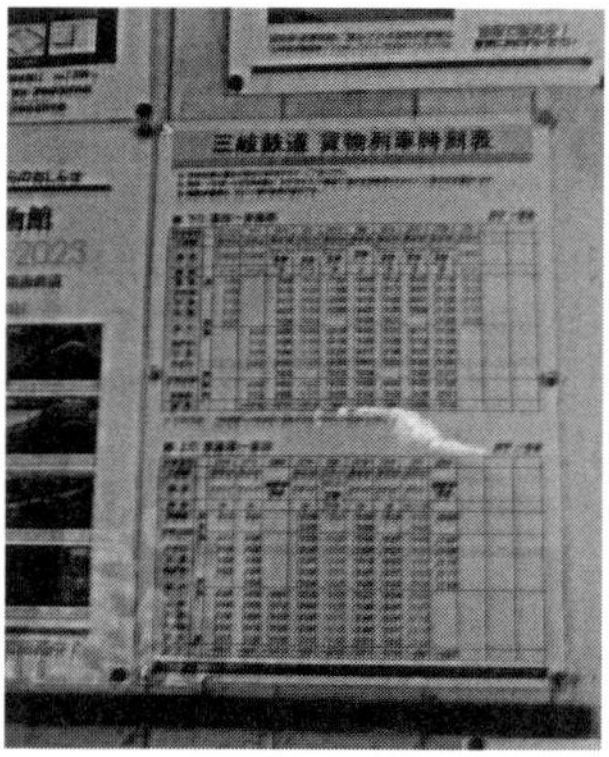

写真⑮

12時40分　丹生川駅到着。

初めて、ゆっくりと駅舎で時間を過ごすことができそうです。そうすると、駅の掲示板には驚きの掲示物があることに気づきました。そこにあったのは貨物列車の時刻表でした。

なんということでしょう。この時刻表をチェックすれば、貨物列車撮影が、より計画的に行えたのですね。

駅の掲示板ほど濃厚な情報が満載の場所はありません。旅の際は、駅掲示板に注目していただくことを強くお勧めします。

この後、逆方面ではありますが、到着した列車に乗ります。暖を取り

写真⑯

ながら東藤原駅に行き、その折り返し列車で近鉄富田駅に向かうためです。気がつけば観光客よりも地元のお客様がどんどん増えています。お買い物に行くヤング層、妙齢のお仲間。文字通り老若男女、いろんな方々がいろんな思いで三岐鉄道を使っている様子を、肌で感じることができました［写真⑯］。

13時48分　近鉄富田駅到着。

ここではお客様のほとんどが近鉄電車へ乗り継ぎをされます。私もその流れに乗り、時間通りに到着した6両編成の近鉄急行名古屋行きに乗り込みます。当初の予定よりはだいぶ遅れましたが、私は無事に静岡に向かうことができそうです。*31

思えばわずか半日の旅でしたが、なんとも充実した1日となりました。

追記

この日会えなかったのが、普段は「入換」などで使われているという

＊31　静岡へは1時間に1本のひかり号に乗れると早く到着できるが、自由席車両が5両しかないため、あえてこだま号で行くことも多い。この日は最終的に静岡の放送局へは予定通り到着して、現場的にも問題なく立ち回ることができた。

凸型の電気機関車です［写真⑰］。点検のときだけ山を降りてくるという、激レア機関車ですが、次こそは会いたいと思います。

写真⑰

第6章

四日市周辺貨物研究

三重県の四日市市は日本でも有数のコンビナート密集地である。たくさんの工場や倉庫、港、オイルタンクなどがあり、産業の発展に貢献してきた。地図を見ると工場に繋がる鉄道の線路が網目状に延び、まるで毛細血管のようである。工場へと続く線路はとてもミステリアスで鉄道ファンを魅了してやまない。日本に唯一残る開閉橋「末広橋」を中心に貨物列車ウォッチングを敢行した。

日本最古&現役バリバリの可動貨物橋へ［写真❶］

南田のうきうき貨物ウォッチング。今日ははるばる三重の「末広橋梁」まで来ました。こちらは四日市港の運河に架かる、日本に現存する最古の可動橋[*1]です。いわゆる跳ね上げ橋ですね。普段は運河を船が往来できるように橋げたが上げられていますが、列車が通るときだけは、橋が架かるというものです。前回、ここに来たときは、貨物の往来は見れたものの、橋が動く様子は見れませんでした。

ということで、今回は土曜日を丸々使ってリベンジにやってまいりました。

末広橋梁はJR四日市駅から、徒歩約17分（1・2km）の位置にあります。バスがあるのですが本数が限られています。この日は朝からいいお天気で、JR四日市駅構内にあるレンタ

写真❶

*1 1931年完成。全長58m、幅4m、中央の桁部分16・6mを橋脚上に立つ高さ15・6mの鉄塔のてっぺんからワイヤで引っ張り80度にまで跳ね上がる。日本最古の可動橋だが、現在も現役で稼動中で、1日に10本程度の貨物列車が通る。

サイクルを利用することにします。四日市駅・四日市港界隈を自転車で巡りましょう。

この「末広橋梁」ですが、5章で述べた三岐鉄道三岐線　東藤原駅の太平洋セメントから出荷された列車が、ＪＲ関西本線を経由し、四日市から分岐する専用線へ転線され、出荷場へ届けられる際に通ります。

貨物時刻表を手に貨物列車がやってくる時間はおよそ13時30分～14時30分であると予測し、さっそく末広橋梁へ行ってみましょう。

前回来た際もレンタサイクル[*2]を利用したので、ある程度道を覚えているようです。そして、前回と違って今回は電動アシスト付き自転車だったのでかなり楽です。文明というのは人々の生活を豊かにしますね。

住宅地、公園、大きな国道を左右に見ながらペタルをこぐと、やがて運河付近に出ます。

大きな倉庫、ドラム缶、物流会社の事務所。長い歴史を感じさせる倉庫が連なり、道幅も異様に広くなり、行き交うクルマはうんと減って、トラックばかりになります。刑事ドラマで銃撃戦が行われそうな雰囲気な場所だな、と思ったら実際に「映画あぶない刑事[*3]」使われていたこと

＊2
営業は7時～20時【日祝】10時～17時【休み】12月31日～1月3日まで。1日利用料金はなんと120円。電動自転車は240円と倍の値段だが、遠出するならそちらを利用したい。

写真❷

写真❸

があると、後で知りました［写真❷］。

約10分ほどで末広橋梁の近くへ。遠くからでもわかります。

「末広橋梁が上がっている！」

はやる心を抑えて、踏切をわたり運河に出ると、しっかりと橋が上がっていました。前回は見れなかったこともあり、なおさら感動的です。

末広橋梁についてもう少し詳しく説明させてください。

この橋は、四日市港の千歳運河にかかる鉄橋です。昭和6年に竣工され、現役では最古で、また唯一といわれる跳開式可動鉄道橋梁です。

全長58mのうち中央部の16mの橋桁が80度ほど跳ね上がるのですが、橋自体が水面からの高さがあまりないため、橋桁を思いきり跳ね上げ、運河をゆく船舶に道を譲るのです［写真❸］。

＊3
舘ひろし演じる鷹山敏樹（タカ）と、柴田恭平演じる大下勇次（ユージ）が大活躍し、事件を解決していく刑事ドラマ。刑事ドラマのなかで銃撃戦が繰り広げられるのは、港や倉庫街が多かったが、ときおり貨物駅やヤードも舞台となった。入替機関車や貨車などに目が入ってストーリーどころではなかった。特に西部警察パート3・第23話「走る炎!! 酒田大追跡 ―山形篇―」では、テロリストが貨物列車をジャックするという大変な事件が起こる。実際に酒田港で列車を走らせ撮影が行われるなど、その撮影はとても大掛かりなもので、現代ではなかなか考えられない伝説の作品であった。

設計したのは、山本卯太郎[*4]さんという方で、近代日本における橋梁コンサルタントの草分け的な存在で、この橋梁は代表的な橋梁作品のひとつだそうです。

平成10年には国指定重要文化財[*5]となり、平成21年に、近代化産業遺産となりました。現在もおもにセメントを運搬する貨物列車が毎日数往復は運行されています。まさに現役なのです。

開閉の様子を間近で眺める［写真❹］

13時30分、自転車に乗った2人組の男性がやって来ました。ヘルメットと安全チョッキを身につけていて、私を含めたレジャー気分の人とは違う雰囲気をまとっています。明らかに仕事の最中といった顔つきで、もしかしたらこの方たちは橋を操作されるのではないでしょうか。

お二人は、橋の近くに自転車を止めて、会話をしながら操作室へ向けて歩んでいきます。私の予想は当たりました。一人が操作室に入りまし

＊4
現在の名古屋工業大学の前身のひとつである名古屋高等工業高校を卒業後、アメリカに留学し、橋梁の最新技術を学ぶ。末広橋梁は可動橋として初の重要文化財指定された。日本の橋梁建築を牽引したが1934年にわずか42歳で病没。

＊5
陸上輸送と運河舟運とが拮抗していた時代状況を物語る、典型的な橋梁遺構としての歴史的価値を有することが認められ、1998年に指定された。

た。

周囲に観光客*6が集まってきました。いよいよ橋が降りるのです。

踏切のような警報音が鳴り響くと、橋桁がゆっくりと降りてきました。

ゆっくり、ゆっくり。

目の前で橋が降りていく様子はまさに可動橋。

1分ほどで橋が海面と水平になり、線路がつながりました。これで列車が往来できます。

しっかりと橋桁が降りたことを確認すると、係員のお二人は自転車に乗っていなくなりました。

すぐに期待に胸が膨らみます。橋が降りた、ということはもうすぐ貨物列車が通過する！

貨物列車をお出迎えするため、手前の道路に移動します。ここは柵がなく貨物列車の全容が見れるのでとても良いと思いました。

前回ここに来たときは橋の開閉はなかったものの、ちょうど貨物列車

写真❹

＊6
他県ナンバーの自家用車がちらほら、さらには地元と思われる方も自転車で見学に来ていた。

が通過するタイミングだったので、貨物列車を追いかけるように自転車で並走しました。イルカと泳ぐってこういう感覚なのかもしれないと思いました。

踏み切りが鳴り始めました。いよいよです。ゆっくりと列車がやってきました。DF200形式ディーゼル機関車[*7]です。以前来たときはDD51形式機関車でしたから、時が経ったことを感じます［写真❺］。列車はひとつ手前の踏切で一旦停止します。よく見るとひとつ手前の踏切がまだ降りていません。

写真❺

ほどなく機関車に添乗していた係りの方が列車を降りて、線路脇の小さなボックスへと向かい、おそらくスイッチを押したのでしょう。ひとつ手前の踏切が「カンカン」と鳴り始めました。なるほど。これは以前名古屋臨海鉄道で見たことのあるセルフ踏切方式[*8]ですね。

安全を確認し、列車がゆっくりと動き出しました。私の目の前を通過します。この貨物列車

＊7
最高速度110km／hの営業運転を可能とした画期的な機関車。写真の200番台は2016年に登場。100番台に防音強化等の改造を施している。

はセメントを積載した貨車ですね。

私は急いで末広橋梁の見える場所に移動します。58mの橋梁いっぱいに貨車が埋まっています［写真❻］。最後の貨車が渡りきると鉄橋自体は静かになりましたが、対岸ではおそらく入換のためのプープーっという警報が鳴っているのか賑やかです。防波堤の向こうでも、おそらく入換機関車のディーゼルの音や、DF200形式のエンジン音、そしてうっすらと煙が見え、着々と作業が行われているようです。

写真❻

およそ10分ほど経過したでしょうか。なんとなくですが、また列車が通る予感がしてきました。

するとDF200形式のエンジン音が聞こえてきました。そうすると橋の向こうのカーブからレッドベアが顔を表しました。おそらく午前中に運搬したセメント貨車が空になったものをまた東藤原駅にもっていくための列車でしょう。

先ほどは真横からの写真が撮れたので、今度は正面からの写真[*9]が撮りたいと、先程の踏切の

*8
東海道本線の笠寺駅から分岐する臨海鉄道で、東港駅付近の幹線道路は交通量も多く、信号機付き踏切が採用されている。車には一時停止の義務はない。代わりに列車のほうが一時停止し、操車係の方がスイッチを押すとクルマの信号機が赤に変わり、遮断竿がおりる。以前、筆者は中京テレビ『鉄研』の「ついに貨物」回でその様子の一部始終を見学した。四日市駅の荷役は日通、運行信号はJR貨物、入換業務・構内運転業務・フロント業務は名古屋臨海鉄道が請け負っている。

ところまで自転車を進めます。

停車した機関車から係りの方が下車して、目の前にある小さなボックスに手をかけました。反対側の踏み切りの動作スイッチはここにあるんですね［写真❼］。

係りの方が操作をするとひとつ向こうの踏切が鳴り始めました。安全確認が終わって、貨物列車はゆっくりと四日市駅構内[*10]に入っていきました。

写真❼

対岸の防波堤の向こう側がまだ少し騒がしい気がするのは、到着した貨車の入換などをしているのでしょう。
末広橋もまだかかったまま。係りの方もまだお見えにならないので、しばらくはこのままなのでしょう。だんだん防波堤の奥が気になってきました。脇に止めている電動自転車が「向こう側を見に行きますか？」と語りかけてきます。
よし行ってみよう［写真❽］。

＊9
正面からの写真がこちらである。

少し遠回りして車道用の橋[*11]を渡ったのですが、どうやらこの橋も可動橋っぽいですね。橋の手前には踏切の警報器がありました。

橋を渡ったところに、今度は鉄道線路の踏切がありました。向かって右側には複線の引き込み線があり、左には末広橋へつながる分岐路線と真っ直ぐ伸びる路線が確認できます。防波堤のこちら側に来てわかったことは、末広橋の奥は工場の敷地ではないこと。そして、さっき橋を操作していた係員の方は、ここにいらっしゃいました。ここで何かの作業をされていたのでしょう。

写真❽

運んできた貨車はもういなくなっているのですが、まだプープー警報音がなっていて少し緊迫しています。

このレールの先には工場があると、レンタサイクルでもらったリーフレットに書いてあったので、行ってみることにしました。道路と並走していた引き込み線はやがてカーブしていって見えなくなっています。私は感覚だけを頼りに、

＊10
厳密にいえばこの末広橋も四日市駅構内。四日市駅は広い。配線図は、貨物時刻表に記載されている。

＊11
臨港橋。1991年11月に完成した3代目の橋。船舶が通る時は遮断機で車を止め、油圧ジャッキで中央部の橋梁を70度ほど押し上げて開く。（四日市散策マップ 海岸めぐり編より引用）

四日市港の道路を走ってカーブの先の線路を求めて自転車を進めました［写真❾］。

すると驚くべき光景が目に入ってきました。カーブして奥に吸い込まれていった線路と合流する踏み切りに到達したのですが、そこはなんと太平洋セメントの四日市工場[12]の出荷場所だったのです。

写真❾

私がついたときは、貨車の入換が行われた直後でした。スイッチャー[13]と呼ばれる小さなディーゼル機関車が2両つながり、おそらく長くつながれてきた車両を二分割して工場に入れたのでしょう。私が到着したときには、スイッチャーが最後の工程であろう、貨車を少し押し込む作業を終えたところでした。

数ヶ月前に藤原岳の麓で見た太平洋セメントの、いわば集大成とも言えるような、まさに貨物列車のディスティネーションが目の前に展開しているわけです。三岐鉄道で生成されたセメ

＊12 正式名称は太平洋セメント藤原工場四日市出荷センター。スイッチャーがせわしなく働いていた。

＊13 工場内などの入換を担当する小型のディーゼル機関車。この分野に足を踏みれると抜け出せないほど面白いと言われる。

ントはここに運ばれていたのか。工場萌え必至のパイプラインや無骨な構造物が立ち並んだ工場の敷地で、しばし感慨に耽ります。

四日市に来る貨物列車は3種類あります。

このセメント輸送がまずひとつ。もうひとつがコンテナ輸送で、これは四日市駅構内にある四日市貨物駅にて荷役を行います。

そして石油タンク輸送。これは四日市から南松本に向けて出荷するもので、四日市駅のやや東側にオイルターミナル[*14]があります。

私が行った日には、コンテナの入換を行っていて、真っ赤なＤＤ２００[*15]が忙しげに、働いていました。じっくりと石油タンク輸送も見たいですが、これは次回の宿題ですね。

課題をひとつクリアすると、また課題が増える。貨物列車ウオッチングは、研究や学問、そして人生と同じなのだと思いました。

＊14　ＪＲ関西本線の車内からおびただしいタンク車を眺めることができる。コスモの専用線に入っていくタンクは空車である。

＊15　ディーゼルで発電した電気でモーターを動かして駆動するという電気式ディーゼル機関車。本線けん引と貨物駅での入替との両用で開発された。水島臨海鉄道では、50年ぶりの新型機関車。６００番台を名乗る。

第7章

貨物時刻表研究

私たちのバイブル「貨物時刻表」。貨物列車のダイヤを載せた時刻表が発売されると、列車の動きを予測するしかなかった鉄道ファンは歓喜した。なぜ貨物時刻表が発売されるにいたったのか。発行元の鉄道貨物協会に突撃取材を行った。

貨物時刻表の発行元に突撃［写真❶］

今日は、私たちのバイブル「貨物時刻表」の発行元である公益社団法人鉄道貨物協会[*1]にお邪魔します。

鉄道貨物協会さんは、環境に優しく優れた特性を持った鉄道貨物輸送の利用促進、普及を主軸にした事業を行っています。

写真❶

1950年に設立されたこちらの協会[*2]は、法人と個人の会員から成り立っていて、法人会員[*3]は現在1300ほどあります。

貨物時刻表に関してたくさんお聞きしたいことがあります。さっそくお邪魔しましょう。

貨物時刻表は、その名の通り貨物列車のダイヤが掲載されている時刻表です。代理店である利用運送事業者や、荷物をコンテナで送りたい荷主などが時間を確認することを主たる目的と

＊1　会費一口18，000円の法人会員個人会員の他、個人会員も受け付けていて年会費7000円。筆者も会員である。協会の各種会合にも参加でき、毎月「MONTHLYかもつ」が送られてくる。個人会員は「貨物時刻表」（販売価格税別2，273円）を割引で購入できる。

＊2　所在地は都営新宿線・小川町駅から徒歩3分、千代田線・新御茶ノ水駅から徒歩4分、あるいは東京メトロ丸の内線・淡路町駅から徒歩5分。

＊3　鉄道会社や臨海鉄道、鉄道関連の会社だけではなく、通運会社やメーカーや団体等が名を連ねる。

写真❷

してつくられていて、貨物鉄道輸送には欠かせないものです。

時刻が記された本文[*4]がもちろんメインですが、それ以外で目を引くのは巻頭のカラーグラビアです。ここではダイヤ改正のあらましや、全国の貨物列車の運行されている路線図などが掲載されています。

また、巻末にもカラーページが組まれ、なかでもフォトギャラリーは20ページ近くあり、鉄道好きにはたまりません。

各臨海鉄道や、関連会社の広告ページも見所のひとつです。各社からの静かなメッセージが誌面から伝わってきて、こちらも読みごたえがあります。

東京メトロ丸の内線[*5]淡路町駅から徒歩5分で、鉄道貨物協会さんに到着。受付で調査部〈図版1〉の田畑さん[*6]と合流します［写真❷］。かなりご無沙汰しておりましたが、本日はよろしくお願いします。田畑さんか

＊4
利用案内、機関車の運用や貨物駅の住所や、配線図など、マニアにはたまらない情報が満載。

＊5
丸の内線の主力選手、東京メトロ2000系も、製造工場から鉄道貨物によって輸送されてきた。これは甲種輸送と呼ばれる。

＊6
1991年JR貨物入社。2012年鉄道貨物協会に出向。時刻表担当として4年4ヶ月勤務。

つては鉄道貨物協会で貨物時刻表の編纂業務に携わっていました。6年ほど前にJR貨物の水戸営業所に異動、そのあと鹿島臨海鉄道[*7]に出向され、2023年にまた鉄道貨物協会に戻ってこられました。「どうぞどうぞ」と会議室にご案内いただき、同じく調査部の新宮さんをご紹介頂きます。新宮さんは会誌「MONTHLYかもつ[*8]」ご担当とのこと。今日はよろしくお願いします。

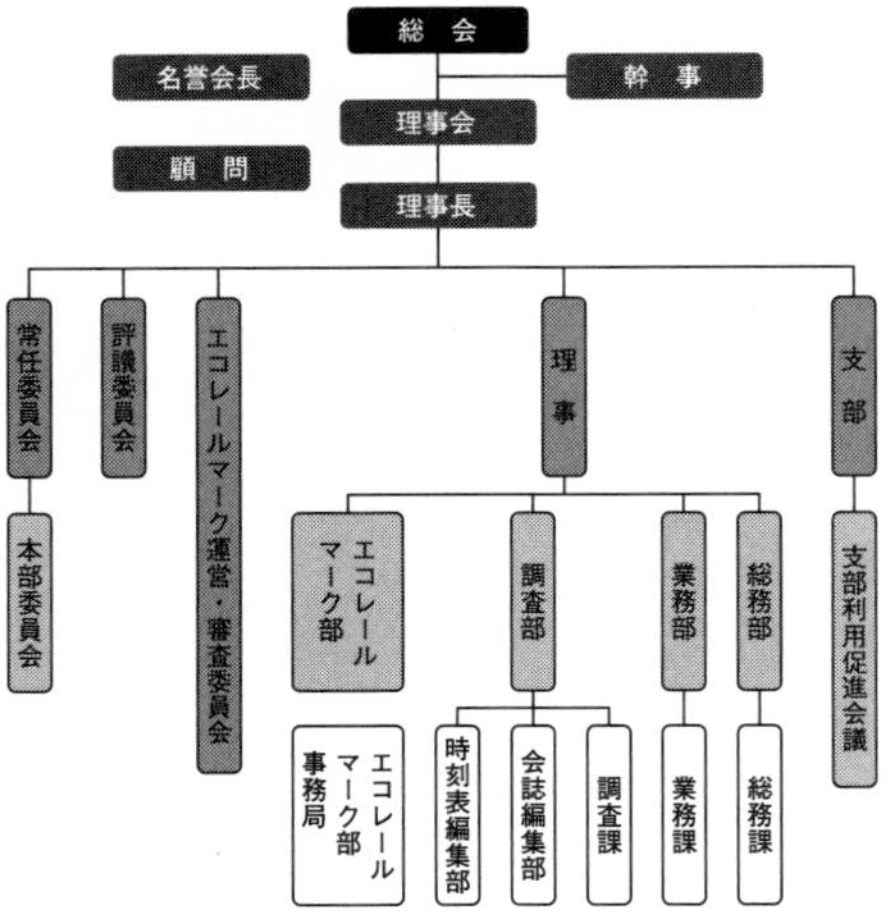

〈図版1〉 鉄道貨物協会HPより

最近では貨物鉄道輸送が注目されていることもあり、メディア[*9]で取り上げられる機会も増えてきました。まずは「貨物時刻表」の歴史を伺いました。

「もともとは昭和41年に編纂された『貨物列車標準時刻表』がその礎になっていま

＊7
大洗鹿島線（水戸駅〜鹿島サッカースタジアム駅間）、鹿島臨港線（鹿島サッカースタジアム駅〜神栖・奥野浜谷駅）を持つ茨城県の第三セクター方式の鉄道事業者。

＊8
23年9月号の表紙は新潟県南長岡駅で撮影されたEF510。協会HPで、「MONTHLYかもつ」バックナンバー（2011年12月〜、鉄道貨物協会編集ページのみ）が閲覧できる。

＊9
筆者が出演したテレビ朝日系「タモリ倶楽部」では「ダイヤ改正記念!・貨物時刻表でダイヤを確認しよう!?」というテーマで紹介され異例の重版。異例の出来事だったという。

写真❸

写真❹　著者私物

す。あ、そうだ、ちょっとお待ちくださいね……」

とおもむろに席を外されました。再び戻ってきた新宮さんの手には倉庫から取り出してきたと思われる冊子がありました［写真❸］。

「これは復刻版なんですが、いろいろ今とは違うんです」

まず目に飛び込んできたのは、ひらがなの列車名です。

たから号[*10]やぎんりん号[*11]、とびうお[*12]など、それぞれの貨物列車には列車名がついています。

さらにページをめくっていくと、冷蔵車として知られる「レサ[*13]」表記と「ぎんれい」という表記があります。こちらの貨物列車では鮮魚を運んでいたことがわかります［写真❹］。

路線図のページもあるのですが、いまはもう

＊10　かつて国鉄が汐留駅〜梅田駅で運行していたコンテナ専用貨物列車。11時間弱で両駅を結んだ。

＊11　博多港〜大阪市場間。

＊12　（幡生〜東京市場）。冷蔵車で編成されていて、鮮魚の物流を支えてきた。

＊13　最高速度100km／h。空気ばね台車を装備。当時の車掌車・緩急車は最高速度的に連結できないため車掌の乗務のためレムフも製造され、現在は大宮にある鉄道博物館で展示されている。

＊14

貨物列車が走っていない私の地元奈良県の路線や、廃止になってしまった関西本線八尾駅から阪和線杉本町駅を結んだ阪和貨物線[*14]など、いろいろな支線のダイヤが掲載されています。これを見るとかつて日本全国を貨物列車が網羅していたことがわかります。

中でも私が注目したのは北九州の地域です。この時刻表が発行された当時、北九州の筑豊炭田[*15]では石炭が豊富に採れたので、それを輸送するための路線が網目状に張り巡らされていました［写真❺］。

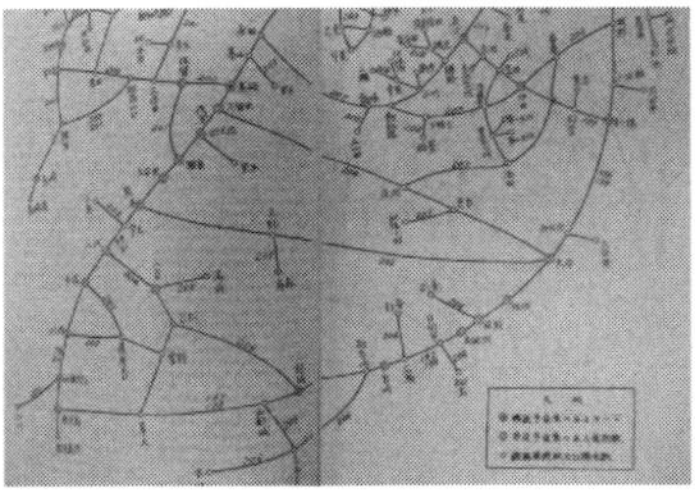
写真❺

炭鉱の衰退とともに、貨物路線は廃線[*16]となりましたから、今の地図とはかなり異なっています。

こちらの時刻表ですが、「もともとは販売用ではなく、内部資料として作成していたんです」ということですが、１９７８年には事業者向けの資料としてしっかりと体裁を整えて発行することとなりました。さらに、１９９１年には一般向けに販売されるようになりました。主に列

正式には関西本線の支線。特急「しらはま」などの旅客列車も通った。２００４年休止。２００９年に廃止。

＊15 北九州市、中間市、直方市、飯塚市、田川市、山田市と遠賀郡、鞍手郡、嘉穂郡および田川郡の6市4郡にまたがる日本でも主要な石炭の生産地。

＊16 上山田線（飯塚駅〜豊前川崎駅間25・9㎞。1988年9月1日に廃止）、漆生線（下鴨生駅〜下山田駅7・9㎞。1986年4月1日廃止）などが廃線となった。

車の写真を撮るファンの方にむけたものです。

当時の発行部数は5,000部[*17]だったとのこと。そこからどんどんファンを増やしてきたのはたゆまぬ誌面づくりの努力があったからでしょう。

雑誌についてさらに詳しくお話を聞きます。今回手にしている雑誌はB5判で328ページあります。手にすると結構ズッシリときますから、かなりのボリュームですね。

「今は年1回発行しています。JR貨物のダイヤ改正に合わせて発行しています」

最近、巻頭ページがにぎやかになり、読み物も増えました。「ここにはけっこう力を入れています」とのこと。

目次からいくつか紹介します。
・鉄道コンテナ輸送の仕組み
・列車番号の付け方
・コンテナ取扱駅構内図
・貨物列車フォトギャラリー
どれも読み応えたっぷりです。

*17 現在の発行部数は約22,500部。出版不況が叫ばれる昨今、一般書籍としてはもちろん、専門雑誌としてもかなりの部数である。

編集者としての一面を持つ田畑さんですが、前任地では営業も担当されていて、企業にコンテナ輸送のセールスに行くと、「まだまだコンテナ輸送が周知されていない」と歯痒さを感じる場面もあったといいます。どうにかできる手段はないものか。そういう思いを原動力にして、誌面はどんどん改良されていきました［写真❻］。

基本的には「コンテナ輸送とはどんなものか」「メリットはどういうことか」など、貨物鉄道輸送のことをよく知っていただくための内容になっています。「資源循環、廃棄物がセメント原料に生まれ変わる」といったまじめな記事から、オートフロアコンテナ[*18]などコンテナの種類紹介、海外の鉄道貨物の状況などの紹介もしています。

写真❻

*18 コンテナ床がコンベアになっていて自動で動くことにより、荷物の積み下ろし作業がコンテナ手前のみで行え、時間が大幅に短縮できるコンテナ。和歌山県のナカオ工業のシステムを導入し総合車両製作所が制作した。

カラーページが人気

雑誌の巻頭でカラーページを使った特集が組まれるようになったのは、2011年に公益法人化されてからとのことです。社団法人だったころはあくまでお知らせが中心でした。

「イメージがさらに一新されたのは、田畑が担当するようになってからですね」（新宮さん）［写真❼］。

「貨物列車の総合ガイドブック的なものを目指した」というように、現在の貨物時刻表のスタイル[*19]が確立したのは田畑さんの力が大きかったようです。

「たまたま私が担当していただけで、他の協会職員と一緒につくったものなので」

とはにかむ田畑さんですが、これまでの企画

写真❼

＊19
2023年号の巻頭特集は以下の通り。
・鉄道貨物協会のご紹介
・本部委員会のご紹介
・エコレールマーク事業
・エコレールマーク認定企業・商品
・暮らしを支える貨物鉄道輸送
・鉄道コンテナ輸送の仕組み
・鉄道による廃棄物輸送
・物流施設の紹介
・機関区の紹介

で印象に残っている特集企画をお聞きすると、一気に表情が明るくなりました。

「やはり2016年三岐鉄道さんの特集ですね。三重県の東藤原のセメント工場と愛知県碧南市の火力発電所を結ぶ輸送ですが、片道ではなくて往復の輸送なんです。東藤原からは炭酸カルシウム[*20]を運んで、逆に碧南市からは石炭灰を輸送するんですが、こういった話がお聞きできたのが印象に残っていますね。

あとは2015年版の札幌市さんの取り組み[*21]ですね。焼却灰のお話もお聞きできたのがすごく良かったです。ごみの減量とリサイクルなどを方針としてオープントップの20フィート無がいコンテナで焼却灰を輸送します。関係各所と協力して鉄道コンテナ輸送が行われるのですが、冬季の冷えこみによる焼却灰の凍結などもあり、検証を重ねます。またコンテナを所有する利用運送事業者の思いも聞けて、とても良かったです。

他にも、鉄道貨物輸送の歴史も物流博物館[*22]さんのご協力もあって実現したのですが、印象に残っていますね」

逆にこれまでやろうと思っても出来なかったことをお伺いすると、有

＊20
使われている貨車はホキ1000またはホキ1100。側面に「炭酸カルシウム」及び「フライアッシュ」専用とされている。

＊21
2015年時刻表で「自治体でのコンテナ利用」として、札幌市清掃工場で発生した焼却灰を、セメント原料として処分業者まで鉄道コンテナで輸送し、リサイクルする取り組みを紹介。「環境を守るため、自然にやさしい手段を選択し、ごみ減量化を進める取り組みが印象に残りました」(田畑さん)。

＊22
公益財団法人 利用運送振興会が運営する物流のシステムをわかりやすく紹介する博物館。映像や写真などの貴重な資料がた

名人へのインタビューだとか。

　ところで急展開です。なんと2024年の貨物時刻表の出演オファーをいただいてしまったのです。なんというラッキーでしょう。「OKです！」と即答したのはいうまでもありません。

　そして田畑さんから、貨物時刻表2023の注目ポイントをお聞きしました［写真❽］。

「機関車の運用表が使用順序図表*23になりました。1ヶ月の仕様を順番に表現しております。わかりやすくなったし、非常に見やすくなったとご好評をいただいております」

　確かに、1ヶ月の機関車の動きは時間も含めて見やすくなりました。いわば機関車のシフト表ですね。こうしてみると、朝から晩までずっと仕事をしているわけで、やはり機関車って働き者ですね。

　もうひとつの目玉はフォトギャラリーです。

「珠玉の作品が1000点ほど*24集まりま

写真❽

くさん展示されている。品川駅、高輪台駅からそれぞれ徒歩7分。グランドプリンス新高輪の近く。

＊23 2022年度まで掲載されていた「機関車運用表」に変わるもので、各機関区に配置されている機関車や電車の決められた使用順序を追える。通称「横棒」。1台の機関車がかなり広いエリアを行き来していることがわかる。

＊24 秋に次年号の募集を行う。鉄道貨物協会のウェブサイトから写真データで応募できる。

す」

全国から寄せられた写真を編集部で審査するのですが、そのポイントもいろいろ。鉄道近接など危険な場所や立ち入り禁止の場所でないことを確認した上で、「臨場感がある」「こだわりがはっきりとしている」など、いろいろな項目を考慮して、慎重に審査を行うそうです。

「本当にいろいろな作品が集まるので、選ぶ側の立場でも気を使います」(田畑さん)。

写真に割ける誌面のスペースは限られていますから、「どの作品も本当にすごいな」と思いながらも、断腸の思いで選んでいくとか。

本文に関しては、ＪＲ貨物と連携をとりながら、打ち合わせを重ねてページをつくっていきます。

「基本的には前年の原稿をベースにして調整しております」

校正・校閲[*25]に関しては特に注意されているようです。「赤ペンを手に何回も行います」というように、出版物を作る際に最初に印刷されたものを初校と呼び、そこから何度も修正を重ねます。

最初の初校でＯＫとなることはほとんどなく、多くの出版物では二校、

＊25
校正と校閲は似ているが厳密には違う。校正とは誤字や脱字といった文字の誤りを正すこと。誤字・脱字はもちろん、「少し」「すこし」など、同じ意味でも漢字で書くか平仮名で書くかなど表記統一も大事な仕事。校閲は事実関係に間違いがないか、内容に矛盾がないかを確かめる。データの数値などもチェックする。

三校と修正を重ねた上で校了し、印刷へとまわります。雑誌などで見かける誤字脱字などは、この段階で編集者などのチェックから漏れたもの、ということです。ゲラはもちろんＪＲ貨物本体にもご確認をいただいているそうです。

「ＪＲ貨物や臨海鉄道などの方々のご協力のもと、本文ができあがってくるのです」

「この雑誌の編集は、自分には絶対ムリだな……」とぼそっとつぶやいたのはこの本の編集担当のＴ氏[*26]。書籍編集者から見ても、貨物時刻表の校正は気が遠くなるような作業であることがわかりましたし、それを毎回行っていることに頭が下がります。これこそプロフェッショナルの仕事ですね。

物時刻表の大まかな年間スケジュールですが、発行は毎年3月[*27]。「書籍や雑誌は発売日から作業を逆算していきます。つまり、3月のゴールに向けて1年をかけてコツコツ作業をするイメージです。

1年の前半は巻頭などの企画ページを手がけます。こちらはクオリティを重視して、ゆっくりと時間をかけて良質なものを作り上げます。秋以

＊26
Ｔ川さんは鉄道ファン大研究読本の頃からの長いお付き合い。これまで何冊もご一緒させていただいた。鉄道への深い愛を感じる素晴らしい編集者であるが、その編集者にこの作業はしんどいと思わせる。どれほど大変な作業かおわかりいただけるだろう。

＊27
「2023貨物時刻表」の取り扱い書店での販売は、3月18日（土）。

降は時刻表本文の編集に忙殺されますから、いかに特集ページをはやく終わらせるのかが勝負だとか。

　10月くらいまでには特集を完成させるのが目標で、あとは本文のチェック、という流れです。この本もそうですが、一冊の本や雑誌を作り上げるのはとても根気がいる作業なんです。1年をかけて仕上げた貨物時刻表が皆様の元へ届く、あるいは書店に並んでいる[*28]のを見るのは、きっと格別の思いでしょう。

　最後に貨物ファン、この時刻表をまだ買ったことがない方へのメッセージをお聞きしました。

「縁の下の力持ちと言ったら、ちょっと偉そうかもしれませんが、旅客列車が皆さんの近くで陽のあたるところにあるとすれば、貨物列車は目立たないところにいます。ただ、皆さんが普段生活の中で口にしたり、手にしたりするものって、意外と鉄道で運ばれてきたものも多いんですね。それは北海道からやってきたものかもしれないし、九州かもしれない。野菜[*29]であったり、飲料であったりプラスチック原料であったり、とにかくいろいろなものを運んでいます。貨物鉄道輸送って、実は私たち

＊28
書店に行って並んでいる本は、書店さんが売りたい本。そうでない本はそもそも店頭に並ばない。言ってみれば、書店というのは書店員さんのセレクトショップ。規模の大小にかかわらず、店の品揃えには書店員の思いが反映されている。果たしてこの本はどうなっているのだろうか。貨物時刻表の取り扱い書店は、鉄道貨物協会のホームページに記載されている。

＊29
冬季に運行される北海道石北本線、北見駅からの「たまねぎ列車」が有名。難所の常紋峠を越えるため、牽引機の他、最後尾にも機関車を連結しプッシュプル運転を行うので鉄道ファンから人気がある。2023年9月に行われた隅田川駅での貨物駅公開イベントでは、コンテナで

の暮らしと密接した存在なんです。私たちの出版物が、そういうことを少しでも知っていただくきっかけになればいいなと思います」

たとえば電車に乗っているとき、駅のホームで電車を待っているとき、都心でも貨物列車って意外と走っているんだなって思いますよね。私たちは普段の暮らしの中で、頻繁に目にしているはずなんですが、これまであまり意識されることは少なかったと思います。

「貨物列車って非常に奥深くて、非常に面白いので、ちょっとでも興味を持っていただけたらうれしいです」と新宮さんは笑います。

読者の方から誌面に関してご意見を頂戴することもあるようですが、いろいろな制約もあるそうです。それでも、できる範囲の中で貨物、鉄道コンテナ輸送をより知っていただけるような内容を作りたいと意気込まれているのが印象的でした。

ご協力いただいた田畑さん、新宮さん、ありがとうございました。

運ばれてきた「じゃがいも」「たまねぎ」のセットが販売され、来場者から人気を博した。

第8章

シキとの遭遇

シキ800形式は1973年から製造された「分割落とし込み式大物車」だ。8台車16輪が連なる点であり、重量物を運ぶために1点当たりの線路への負担を和らげる効果がある。特異な外観で根強いファンが存在するものの、3台のみ製造されうち現在活躍するのはシキ801のみ。レア車両との遭遇の模様をルポする。

仕事中に遭遇、貨物ファン垂涎のシキを追いかける［写真❶］

写真❶

おはようございます。今日は横浜にある放送局で、朝から収録の現場です。9時15分に桜木町駅改札でタレントと待ち合わせしているので、寝坊しないように早起きをして支度をします。

仕事で横浜に行くときは、だいたい湘南新宿ライン[*1]を用います。その理由はとてもシンプルです。この路線を使うと貨物列車に会える確率が高いからです。

新川崎駅付近にある新鶴見信号場[*2]は、だいたい貨物列車が停車していますから、毎回車窓に張り付いて、貨物との遭遇を楽しみにしています。

湘南新宿ラインの列車に乗る際の位置も決まっています。新鶴見信号場が見やすいのはやはりクロスシート座席で、なおかつモーター車。

---

*1
宇都宮線と横須賀線、高崎線と東海道本線を相互直通運転する路線名。路線記号はJS。山手線と並走する区間は山手貨物線と呼ばれる線路を走行する。

*2
神奈川県川崎市にある信号場。東海道本線貨物支線、武蔵野線、南武線貨物支線の結節点である。1984年まで東京周辺の中でも主要な操車場として機能していた。

*3
モハE230-3500。補助電源装置SIV電動空気圧縮機を搭載した中間車。セミクロスシートは近郊形の電車によく見られるクロスシートとロングシートが混ざった座席配置。

すなわち2号車の山側[*3]（進行方向右手）がベストです。

列車は大崎を通過すると、品鶴線[*4]を経由して横浜方面へ向かいます。西大井を過ぎて新鶴見信号場が近づいてきました。今日はどんな貨物列車がいるのかしらとワクワクしていると、下りコンテナ列車が1編成停止しているのが見えました。後ろ側から追い抜く形ですれ違うので、比較的余裕をもって眺めることができます。

カメラを構えたら、まずは記載されているコンテナを確認します。そして牽引機を確認します。ＥＦ65形式の国鉄色[*5]の機関車でした。

シャッターを切りながら、「国鉄色はやっぱりいいな」と思いつつ、そのあとは撮影した画像を見直して満足感を味わいます。やがて列車は鶴見駅で東海道本線に合流し、東海道線、京浜東北線と並走します。進行方向海側の窓を見ると、ちょっと見慣れない列車が。

なんと大物車のシキ８０１[*6]じゃないですか。石油タンク車[*7]の後ろにシキ８０１が連結されて東海道本線を下っている。「これは何かの見間違いか」「いや現実だ」と混乱しているうち、湘南新宿ラインの列車のほうがスピード早いので、シキ８０１はどんどん遠ざかっていきます。

＊4
東海道本線を走っていた貨物列車を分離すべく、新鶴見操車場とともに貨物線として開業したが、貨物列車も減少し、臨海部に敷設された東海道本線の貨物支線や武蔵野線へ列車がシフトしたこともあり、空いた品鶴線には、東海道本線で運転されていた横須賀線の列車を走らせることになった。

＊5
いわゆる国鉄特急色。

＊6
変圧器輸送のために製造された貨車。シキ800は3両製造されたが、800、801は日本通運の私有貨車である。

＊7
現在活躍しているのは主にタキ43000とタキ1000。

カメラを起動する間もなく、先頭のEH200形式電気機関車[*8]は見えなくなってしまいました。

先ほどの貨物列車は、果たしてどこに行くのでしょうか。石油タンク車ということはこの後は、根岸線に入っていくのかな。そうすると私は桜木町の放送局に向かっているので、もしかしたら先回りできるのではないでしょうか。胸が躍ります。

横浜駅[*9]に到着後、速やかに根岸線に乗り換えて桜木町へ移動します。そして午前9時過ぎに桜木町駅に到着。

9時15分がタレントとの集合時間なので、何とかこの15分に勝負をかけたいところです。しかし、桜木町は知る人ぞ知る写真の撮りづらいスポット。せっかくだから写真を撮りたいですし、ジョイント音も録音したい。どこに撮影場所を確保するか悩みます。

しばし悩んだのち、桜木町駅の根岸線上りホーム、横浜方面のギリギリのところで待つことにしました。

横浜での乗り換えは順調だったので、おそらく当該貨物列車は来てないはずです。

＊8
2001年から製造されている直流電気機関車。愛称は「ECO POWER ブルーサンダー」。2001年から製造されている直流電気機関車で、急勾配が続く区間の貨物列車用に開発された。

＊9
根岸線方面の貨物列車は高島貨物線を経由して根岸線にはいるので横浜駅を通らない。東海道本線方面の貨物列車も貨物線、横浜羽沢駅経由で西に向かうので横浜駅を通らない。

写真❷

列車接近チャイムが鳴ります。

〈1番線に各駅停車大船行きが参ります〉

違った。

3分後に、またチャイム。

〈1番線に、各駅停車磯子行きが参ります〉

また違った。

3分後またチャイム。時間的に最後のチャンスでしょうか。

〈まもなく1番線を列車が通過します〉

これは間違いないでしょう。遠くに目を凝らすと、地上から高架に上がってくる、電気機関車の三つのライト[*10]が見えます。間違いないですね。先ほど追い抜いた貨物列車です。

スマホを構えます。充電オッケー。そして機内モードに変更。これで電話がかかってきて途切れることもありません。

列車はだんだん近づいてきます。EH200-3号機[*11]ですね［写真❷］。

1両目は、ツートンカラーのタキ[*12]で、2両目3両目とタキが続き、18

＊10
厳密には、ライトは3ヶ所に4つ。しかし、他の貨物列車用機関車のライトはふたつであるから大きな特徴となっている。

＊11
2004年に製造された。この列車は川崎貨物駅を8時29分に出て、9時14分に根岸着。

＊12
タキ1000は1993年デビュー。最高速度は時速95km。エメラルドグリーンとグレーの2色車両は、日本石油輸送株式会社所有の貨車。ちなみに、日本オイルターミナル株式会社所属のタキ1000は紺色。

両が通過したところで、黒々しく巨大な貨車が連結されやってきました。シキ車です。

「ただただ、ただただ、ただただ、だだだだーー」

やや離れた場所からの撮影でしたが、ジョイント音がしっかりと聞こえます。同時に「モーーー」という線路と車輪が密着する音も。これがシキ車です。シキ801の威力です。その後に空のコキ107が2両連結された列車は桜木駅を通過していきます。停車中の京浜東北線・各駅停車南浦和行きの奥に消えてゆくのを見届けてカメラを下ろします。

「今日はいい日だ!」

撮影した動画を見直します。音もしっかりと入っていました。何とも言えない満足感の中、階段を降り改札階*13へ向かいます。時計を見ると、午前9時10分。早起きは三文の徳と言いますが、こんなスペシャルなご褒美があるとは思っていませんでした。

「おはようございます」

集合時間より前に到着したタレントの姿を認めて、何事もなかったように合流し、にこやかな顔つきで放送局へ向かいます。その日の収録は、

＊13 日本で初めて鉄道が開通したのは新橋～横浜間。開業時の横浜駅は現在の桜木町駅の位置にあった。改札内の壁面には、歴代の桜木町駅舎の写真など、歴史を感じさせる作品がいくつも展示されている。改札外の柱は「桜木町歴史ギャラリー」として、制服展示や歴史年表などを展示されていて博物館顔負け。「桜木町にやってきた鉄道車両」には歴代の旅客列車に紛れて貨物列車も展示されている。さすが桜木町駅である。

関係者からも好評で、またうちのタレントを使っていただけそうでよかった。本当に素晴らしい1日の始まりです。

ふたたびシキとの遭遇

11時45分。ラジオ収録の次は汐留のテレビ局でセールスです。私は桜木町駅へ向かいながら、「今朝見たシキ801は、あの後どうなっただろうか」と思いを馳せました。石油タンク輸送の貨物列車は根岸線の根岸行きでしたが、根岸駅で積載はあるでしょうか？

多分ですがないと思います。何となくのイメージですが、シキ車が巨大な荷物[*14]を積載するのは川崎貨物駅[*15]という印象がありましたから、次の上りの運用で川崎貨物駅東京ターミナル方面へ折り返してくるのではないでしょうか。

シキ801の後についていた空コキ事情も気になります。見るからにピカピカで、もしかしたら全般検査後の試運転的な意味合いも込めての

＊14
主に変圧器のこと。

＊15
変圧器輸送の発駅は川崎貨物駅の他にも、赤穂線西浜駅や東北本線小山駅がおなじみ。

連結だったのかもと思ったり。

そうすると根岸駅で留置しておくというのはあまり考えにくく、やはり川崎貨物、東京貨物ターミナル方面に引き返してくるのではないでしょうか。

「もう1回見れたら最高やな」

そう思いながらも、すべてが私の想像なので、期待はあまりせず桜木町駅のホームに上がります。

偶然にも、この時刻に東京貨物ターミナル方面の貨物列車が設定されていることを知り、心が踊ります。ほどなく4番線に列車が通過するというアナウンスが。今度は先ほどとは反対側に向かいます。

桜木町駅の、関内方面はカーブになっていて見通しが良くありません。列車が実際に近づいてきて、初めてその編成の全容を知ることになりますが、もしシキ801が連結されているのならジョイント音を間近で感じたいので、線路の継ぎ目近くにスタンバイします。

充電よし、[*16] 機内モードよし。[*17]

そして、やってきましたEH200。今度は15号機ですね。

*16 スマホは長く使うとバッテリーの消耗が激しくなり、ストレスが溜まる。思い切って交換したいが、費用を考えると旅行代金などに換算して二の足を踏むことになる。

*17 飛行機以外にもいろいろと使えるモード。スマホの充電を節約する際も、このモードを使用するといい。また、電波がなかなかつかまらないときは、一度機内モードにしてから元に戻すとつながりやすい。

写真❸

写真❹

機関車の次は、石油タンク車のタキ。2両目タキ、3両目タキ、4、5両目とタキが続き、この列車には連結されてないのかなと思っていて、7両目のタキが来たあと、空コキがやってきた。すると黒い貨車がやってきました。

白いハンドルが見えました。これは先程のシキに間違いないです［写真❸］。

でかい、そして黒い！

今日2度目のシキとの遭遇。これは最高じゃないですか！。

シキの後にはピカピカのタキ車3両［写真❹］。塗りたてのペンキの香りがしたので、やはり全般検査明けの配給[*18]なのでしょう。こんなうれしい日はありません。

撮影した動画を見ると、きちんと録画されていました。よく見ると、シキ通過の際には、黒々

＊18　自社の車両を自社の車両基地へ輸送する列車。車両の試運転をかねる場合もある。

としたボディーにスマホを構える、私の姿が映っていて、ダーリンハニー吉川さんが提唱する「反射鉄[*19]」の気持ちがわかりました。後で吉川さんに送ろうと思いました。

そして3度目の遭遇

さて、汐留に向かいます。快速列車大宮行きがやってきました。今日はいい日だなと思いながら、ふと考えました。もしかしたら今の貨物列車に追いつけるのではないかと。とすると、そのチャンスは鶴見駅でやってきます。

このまま快速大宮行きに乗っていれば、鶴見駅にも停車します。私は普段なら横浜から東海道本線上りに乗り換えるのですが、このまま乗っていこうと思います。

東神奈川駅、新子安駅と停車。そわそわしながら車窓を眺めます。根岸線からやってきたバイパスの高島貨物線[*20]と合流しましたが、貨物列車

---

*19 沿線の建物や、鏡状の壁などに列車が映る現象を楽しむ。自分の乗っている列車を反射によって客観的に見ることができる、ある意味で奇跡的な瞬間である。

*20 高島貨物線にはかつて貨物駅の高島駅があり、広大なヤードが展開されていた。現在は高島水際線公園に生まれ変わっている。往時の様子は前述の脚注の桜木町駅改札外の柱に展開されている「桜木町駅歴史ギャラリー」にも図面が展示されているので、そちらも参考にされたい。

写真❺

写真❻

の姿はありません。

もう行ってしまったのかなと思っていると、列車は鶴見駅*21に停車するために速度を落とします。

目に入ったのは、鶴見駅構内に停車している貨物列車です。しかもピカピカのタキ、さっき桜木町駅で1番後ろについていた車両で間違い無いでしょう。

ということは……いました、シキ801！

鶴見駅で迷わず列車を降ります「写真❺」。ホームからよく見えるところにシキが停車しています。これは最高です。ホームにはちらほら同業者*22の姿がありますね。珍しい貨物車にスマホを向ける人も何名か。これがシキ801かと。改めて思います「写真❻」。

やはり車輪の数が多い。「突放禁止*23」と書い

＊21
JRと京急の駅がある。駅前には雰囲気のある立ち食いそば、そして飲み屋がたくさんある。昼から飲める店も多く、飲兵衛の聖地として認知されつつある。

＊22
私はタレントマネジメント事務所のマネージャーの他に、鉄道ファンのことを同業者と呼んでいる。

＊23
突放とは、文字通り貨車を突き放し入換をする作業。入換の走行中に連結器を解放し、機関車側でブレーキをかけると、連結がはずれて貨車だけ惰性で走行する。貨車側には操車係の方が乗っていて、手ブレーキで貨車を停めたり、停車中の貨車に連結したりする。現在、突放は行われていない。

てあるけど、それは当たり前ですね。日本通運のシンボル[*24]も変わってますね。これが超巨大な変圧器などを運ぶのかと思うと感慨深いです［写真❼］。

　そして今朝から1日中シキ追いかけていた私を、最終的に鶴見駅で待っていてくれたことがうれしかった。鬼ごっこのあとに談笑しているような、そんな不思議な感覚を覚えました。

「シュー」

　エアーの音が話しました。まもなく発車でしょうか。

　最後にそのジョイント音が聞きたいなと。線路のつなぎ目付近で見ることにします。線路を三つ隔てているので、しっかりと聞くことはできないでしょうが、最敬礼で見送りたいと思います。

――ダダダダン[*25]。

列車を引き出す音がして、貨物列車は鶴見駅

写真❼

＊24 2022年1月に創業以来の変更。新たなHD社名であり、かつ日本および海外で信頼を獲得しているNIPPON EXPRESSの短縮形であるNXをシンボル化。

＊25 発車時に先頭の機関車が1両ずつ引き出すため連結器に遊びがあるように停車している。発車する際にその遊び分で1両ずつ動力を加えていくので、前から1両ずつダダダダという音がする。駅ホームに停車している貨物列車が出発する際に、意外な大きさでこの音がするので、時折びっくりすることがある。

写真❽

を出発します。車軸の感覚の短いタキ車、一般的な長さのコキ車、そしてシキ車の16軸ならではの「タタタタタタタタタ」という音がたまりません。列車はゆっくりゆっくりと川崎貨物、東京貨物ターミナル方面に向けて走り去っていきました［写真❽］。

またいつかどこかで会えるでしょうか。シキ車と何度も出会えた奇跡の余韻を感じながら、私は京浜東北線に乗り汐留に向かいました。本当に充実した午前でした。午後も仕事を頑張ろう。

〈シキとの出会いまとめ〉

横浜に向かう湘南新宿ラインの車窓からシキ車を目視。写真は撮れず。
桜木町で先回りに成功してシキ車を撮影&録音。
仕事終わりの桜木町で、折り返してきたシキ車と2時間後に再会。
シキ車と鶴見で3度目の再会。長めの対話に成功。

EF 81 303

前略 銀ガマ様

私はあなたの素晴らしさに気づくまで、

どれだけの時間がかかったのでしょう。

あなたの存在はもちろん知っていました。でも、それまでの私は、あなたの素晴らしさに気づくことはありませんでした。なぜなら、かっこよくて、華やかな見た目のイケメンばかりに心を奪われていたからです。

あなたの魅力に気づいたのは、東日本大震災のときでした。

九州がホームのはずのあなたは、未曾有の危機を救うべく、東北地方の日本海側までやってきてくれましたね。そのことをニュースで知ったとき、私の心臓は早鐘のように打ちました。あなたの存在をそれまでほとんど忘れてしまっていたことを後悔したし、あなたの活躍を目にするたび、とても誇らしい気持ちになりました。

関東に住んでいる私は、あなたになかなか会うことができませんでした。

そんなとき、千載一遇のチャンスが訪れました。門司港にある九州鉄道記念館にて、トークショーのお仕事をいただいたのです。私はその日を今か今かと待ち焦がれていました。まるで子供のように。

もしかしたらあなたに会えるのではないか。本番前日、福岡空港に着いたときからワクワクが止まりませんでした。

どうしたらあなたに会えるのだろう。私はあらゆる手を使って調べました。大人になると、そういった知恵だけは働くんですよ。

するとＪＲ香椎駅に行けば会えるかもしれないとわかりました。ただし、飛行機の到着時間から計算すると、西鉄香椎駅からＪＲ香椎駅まで全力で走れば、間に合うかもしれない、そんなギリギリのタイミングでした。

夏の暑さが厳しい日でしたが、私は全力でダッシュしました。こんなに走ったのはいつぶりだったのでしょう。革靴がアスファルトを蹴り上げ、私は全速力でＪＲ香椎駅に向かいました。

息は切れましたが、あなたに会えるドキドキで鼓動がさらに早まっているのがわかりました。

あなたは私の目の前に悠然と立っていましたね。

久しぶりすぎたから、あなたの姿をじっくり、そして不躾に上から下まで見てしまってごめんなさい。

あなたは、やっぱり美しかった。無骨だけど、機能的で、無駄のない美しさ。あなたの美しさを知ってる人ってこの世にどのぐらいいるんでしょう。

みんなにもっと知って欲しいような、でも、私のものだけでいて欲しいような、そんな複雑な思いであなたを眺めていました。


仕事のため、後ろ髪を引かれる思いで、私は門司港に向かいました。

九州鉄道記念館では九州の鉄道を知り尽くしたたくさんの方々に出会いました。あなたにもう一度会うにはどうしたらいいか、をさんざんヒアリングしました。

でも、だれも答えを知りませんでした。その日は、小倉駅に泊まりましたが、私はベッドの上で、翌日はあなたを探すために1日を使うことを決めました。


朝6時に目が覚めると、私はすぐに支度を始めます。あなたに会えるかもしれないのに、ホテルでゆっくり寝てるわけにはいきませんから。

まずは、小倉駅で待つことにします。

実は誰かがそっと教えてくれたんです。「午前7時に小倉駅にやってくるかもしれない」と。

遠くからゆっくりとやってきたあなたは、やはり輝いていました。これは決して比喩ではなく、本当に輝いているように見えたんです。朝から一生懸命に、脇目もふらず汗を流して働くあなたはとても美しいと思いました。

あなたは、私のことなんてまったく気にかけず、そのまま走り去っていきましたね。あなたを見送った後、私は呆然とホームに立ち尽くします。

せっかく会えたと思ったら、またいなくなってしまった。たまらずあなたを追いかけることにしました。千早駅で西鉄貝塚線に乗り換え、名島駅近くの橋の欄干部分で、あなたを待つことにします。

近くにお店もあったのですが、暑さをしのいでいる間にあなたが通り過ぎてしまったらきっと後悔する。炎天下だったけど、私は屋外であなたを待つことにしました。

1時間半ほどすると、あなたは出てきました。私のことをチラッと見たような気もしましたが、やはりクールに走り去っていきます。

こうなったら根くらべですね。さらに追いかけてみることにしました。

ただ、西鉄貝塚線の名島駅は運転本数が少なく、西鉄千早駅から乗り換える鹿児島本線千早駅は特急が止まらない。しかし長崎本線と鹿児島本線との分岐駅、鳥栖駅まで行けばあなたに会えるに違いないと思いました。


鳥栖駅の東側6番ホームで待つことにしました。この駅は賑やかでいいですね。特急列車が次々とやってくるから飽きることはありません。

「かもめ」「みどり」「ハウステンボス」。「ゆふ」「ゆふいんの森」。この駅のうどん屋さんは有名なんですよ。かしわうどんが名物で、中二のときに初めて食べてからというものの、時間があるときは、この駅でかしわうどんを食べるようになりました。でも今日は食べる時間はなさそうです。


あなたがゆっくりゆっくりとやってきました。やはり美しい。あなたは私の姿を認めると、私の前にゆっくりと体を横たえました。

目の前にあなたがいる。私は静かに目を閉じるあなたの姿を網膜に焼き付けました。とても長い時間に思えましたが、構内の時計を見ると10分ぐらいしか経っていません。ありきたりかもしれませんが、この時間が永遠に続けばいいなと思いました。

あれから2年の月日が流れました。

私は書籍の取材で福岡にいました。深夜にあなたがやってくると知り、私はいてもたってもいられなくなり、新調したカメラを手にあなたに会いに行きました。

すでに客もまばらになっていた23時台の博多駅。あなたはやはりゆっくりと手を振りながらやってきましたね。漆黒の闇を通り抜けてきたあなたは、以前より歳を重ねた気がしたけど、やはり凛々しかった。

カメラを向けると、あなたはとても優しい顔つきでこっちを向いてくれましたね。人生経験を重ねたものにしかできない、なんとも穏やかな表情で、美しいと感じました。

さらに3年後。元号は令和に変わっていました。

特番収録の後、私の三冊目の書籍の取材を終え、あなたの所在を人づてに調べると、また会えるかもしれないことがわかりました。

ただし時間は深夜。それも一瞬だけ。それでもやはりあなたに会いたい。

どこで会おう。少しでも明るいほうがいいかもしれない。そう思った私は久留米駅であなたを待つことにしました。

久留米駅に着いたのは深夜0時過ぎでした。ホームにいるのは私だけ。すでに博多方面のホームは消灯されていますから、きっと最終電車が出発したあとなのでしょう。

私のいるホームに最終列車がやってくるのは25時前。じっとしていると汗が吹き出します。誰もいない駅のホームはとにかく静かでした。

ちなみにこの日は大牟田駅近くのホテルを予定していたんです。でも、あなたに会うために久留米に変えた。恩着せがましくなるのは嫌だから、そのことは死ぬまで胸に秘めておくつもりです。

蛍光灯の明かりを受けたあなたはキラキラと輝いていました。15秒ほどだけど、しっかりとあなたは私を見つめてくれました。

関東で生活する私は、もう二度とあなたに会えないのではないかという不安をずっと抱えていました。風の便りであなたの活躍は聞いていましたが、やはり距離は大きな壁になるんだと思いました。あれから何度か九州に行くことがあったけど、タッチの差であなたが出て行った後だったり、私が寝ている街をあなたが通り過ぎたり、すれ違いの時期が続きましたね。

2023年6月。私は滋賀県近江鉄道のイベントを終えた私は、西へ向かう新幹線に乗っていました。もちろんあなたに会うためです。数日前からそうすると決めていたのは、この夏があなたに会う最後のチャンスかもしれないからです。

今回の旅の目的は、あなたの美しい姿を写真に収めることです。やはり明かりがあるところが良いですから、地図を何度も調べて、大牟田駅近くの路地であなたを待つことにしました。あなたがやってくるのは23時50分ごろでしょうか。

現地に着くと思ったよりも明るかったので、我ながら最高の場所だとほくそ笑みました。深夜0時が近づくと、人通りは少なくなり、行き交う車もだいぶ減りました。これで誰の目を気にすることもなくあなたを待つことができます。

遠くからやってきたあなたは目を輝かせていましたね。

あなたに会いたかった。そう思いながら私は震える手でシャッターを押します。その一瞬のためらいがシャッターを押すのを遅らせたのでしょう。あとで見た写真にはあなたの横顔しか写っていませんでした。踏切と街灯の明かりを受けたあなたの横顔の写真は、私の新しい宝物になりました。

ビジネスホテルに戻り、明日はどこであなたを待ち伏せしようか考えました。天気予報は曇りのち雨。あなたに会えるのは午前8時15分頃。大牟田よりちょっと北に南瀬高という駅があり、その近くがとってもいい雰囲気なので、そこに決めます。私は静かに眠りにつきました。

日曜日の朝は午前6時前に目が覚めました。床についてからまだ数時間しか経ってません。うれしいときってこうなるんですよね。いてもたってもいられないというか。あなたの大体の行動パターンは理解していますから、予定よりは早いけど南瀬高駅に向かうことにします。天気予報は外れたようですね。雨は降っていません。

すると、あなたは今日はこちら方面にやってこないことを教えてくれる親切な人が現れました。

なんで？　あなたはいつもこっちにくる予定じゃない。なんで急に予定を変えたの？　今日は日曜日だから？　それとも私が嫌だったから？

悲しい気持ちがこみ上げてきました。会えるに違いないと思い込んでいた、自分の浅はかさが許せない。

何とも言えない気持ちのまま南瀬高駅で下車して、万が一情報が間違っているかもしれない可能性にかけて、南瀬高であなたを待つことにします。

やはり、あなたは来ませんでした。次第に雲が厚くなり、雨が降ってきました。天気予報というのはこんなときも当たるのだなあと思いました。

夕方の西小倉駅に私はいました。11時間ほど前、あなたは確かにここを通った。そして6時間後にここを通るはず。あなたの温もりが残る線路を眺めていると涙がこぼれそうになりました。

小倉から新幹線に乗り東京に向かいます。

また会えますよね？

あなたのことを考えると胸がいっぱいです。近いうち必ず会いに行きます。でも、会えなくてもいい、あなたが元気でいればそれでいい。

また会う日があればその日まではお元気で。そして、さようなら。

草々

この手紙は筆者がＥＦ81３０３にむけて書いた恋文です。ＥＦ81３０３号機は門司機関区に所属する電気機関車で、ステンレスのボディが特徴の電気機関車。ファンからは「銀ガマ」と呼ばれています。

ＥＦ81の３００番代は全部で４両生産されました。もともと関門海底トンネル用として開発されたため、海水の被害を受けないようにボディをステンレスとしました。先代のＥＦ30とともに関門の海底トンネル行き来する旅客列車貨物列車の牽引に勤しんできた。直流１５００Ｖの本州、交流２００００Ｖの九州を走る、交直両用の電気機関車で、現在現役で走っているのは３０３号機の１両のみです。昭和49年製ですから、誕生から実に50年近くが経っています。

東日本大震災で東北本線が遮断されてしまった際に、日本海縦貫線（北陸本線、信越本線、羽越本線）経由で荷物を北に運んでいたのですが、機関車が不足していたため、門司から応援に駆けつけ日本海縦貫線を走行しました。

初めに北九州で機関車の追っかけをした思い出が記されています。

２０１３年の夏の出来事でした。イベント本番前日に現地入りするのは筆者がよく行うことで、イベントへの情報収集としても貴重な時間であります。確かこの日は少しダイヤ乱れがあり貨物列車が予定通り運行されておらず、往生したことを思い出します。

西鉄貝塚線の名島駅近くには、福岡貨物ターミナル駅につながる鉄橋があり、撮影スポットとして有名です。その撮影スポットで2～3時間待って、結果的にEH500系の貨物列車は来たものの、「銀ガマ」は来ずでした。

その日の夕方には門司港にて打ち合わせがあったため、西鉄香椎で乗り換えをしたところ、「まもなく銀ガマが来るのではないか」と思われるネットへの書き込みがあり、猛ダッシュの末、ようやく対面することができました。

そのあと、追いかけたい気持ちがありましたが、やはり打ち合わせを優先して門司港に向かいます。当時はまだ冷静だったことがわかります。

翌日のイベントでは、会場で「どなたかEF81の運用をご存じないですか？」と関係者に聞いてまわった恥ずかしい思い出が蘇ります。

イベントの後、夏休みを使ってもう1日九州にいることになったのですが、そのときの「銀ガマ」の運用は、門司→千早操車場→福岡貨物ターミナル→千早操作場→鳥栖貨物ターミナル→長崎本線→鍋島でした。

鹿児島本線の北九州エリアでは、旅客列車、特急列車がたくさん走行しているため、途中の駅で特急をやり過ごすなどの長尺停車が設けられていたため、先回りが可能でした。

西鉄貝塚線は、西鉄香椎駅よりも、千早駅の乗り換えが容易で、さらにこの区間は鹿児島本線が普通列車、快速列車、特急列車、貨物列車がたくさん往来するのに対し、西鉄貝塚線を15分に1本2両編成の電車がトコトコ走るコントラストもとても面白いと感じました。

鳥栖駅では鳥栖スタジアム側、外側に貨物線が設けられているため、6番線で貨物列車を待つのは定石です。

6番線に停車する普通列車が被ってしまうと、見えない可能性もあったのですが、鳥栖駅始発で南下する普通列車は2両や3両と短い編成が多くて、比較的安心して6番線で待っていた気がします。

待っている間に特急もたくさん来ましたが、目当ては「銀ガマ」だったこともあり、鳥栖駅で撮影した特急の写真はほとんどありませんでした。

この日の銀ガマは停車時間が長かったので、かなり細部まで撮影ができました。水色のJRシンボルマーク、深緑と黄色に車号銘板、「日立」とかかれたプレート。輝くコルゲート。

同じ日、同じ列車ではありますが、機関車に連結されているコンテナ車の積載具合が、時間と区間によって異なります。これは列車が「生きている」証拠でもあります。

2回目に「銀ガマ」に会えたのはまったくの偶然です。過去に出版した書籍「南田裕介の鉄道探して、三千里」（2015年主婦と生活社）では、大牟田の三井専用線の古豪の電気機関車、熊本電鉄「青ガエル」取材や、103系1500番台の取材がメインで、「銀ガマ」をメニューに入れていませんでした。

そのとき、私が新調したカメラは、ルミックスの最新機種で、4Kフォトの機能が付いていて、4K動画を撮影した動画から、高画質で画像を切り出すことができる機能を持っていたので、シャッターチャンスを逃すことなく撮影ができたのもいい思い出です。

3回目の遭遇は、CSテレ朝チャンネルでオンエアされた「STU48 瀧野由美子の『恋する青春48きっぷ2～すごいぞ九州!! 新幹線からローカル線まで鉄道王国SP～』」に出演した際のエピソードです。

JR九州の特急たちにたくさん乗った番組でした。「南田裕介の鉄道ミステリー」（2020年天夢人）でも記した、北九州の名所を通勤電車でまわる「アフターファイブ乗り鉄」が22時ごろにJR鹿児島本線の香椎駅でお開きになってから、「銀ガマ」に会いに行ったエピソードを記しています。

翌日は大牟田の三井専用線にもう一度訪問するため、宿を取った大牟田付近で会えたらいいなと考えていたものの、思ったよりも早く上ってくるという情報を得て、大牟田駅から久留米駅に変更しました。久留米駅は列車が夜遅くまでやっており、さらに下りホームには蛍光灯が付いているため、その明かりを受けて、「銀ガマ」の撮影がしやすいと踏んだのです。

夜中にきれいな写真が撮れたのは、「銀ガマ」の来るおよそ40分前にもう一本貨物列車が通過し、撮影の練習ができたことも大きかったと思います。

そして4段落目に描かれたエピソードは2023年の6月24日の出来事です。15時に八日市駅でイベント「がちゃこんまつり」（近江鉄道の電車はゆっくり揺れながらはしるのでがちゃこんと呼ばれている）が終わった後、近江八幡駅から新快速で新大阪に向かい、新大阪から下りの新幹線に乗って九州入りしました。機関車運用を調べるサイトや「お立ち台通信」などのサイトを駆使して、銀ガマ撮影計画を入念に立てたことを思い出します。列車撮影地の調査に気を取られ、私のデジカメのメモリの整理、充電がおろそかになっていたことは手紙では省かれています。

大牟田駅近くの踏切を撮影地に選んだのは、街灯でいい感じに照らされていて、暗闇からぬっと出てくる銀ガマの姿を捉えるつもりでした。

この区間は、西鉄とＪＲ鹿児島本線と線路が4本あり、両方のサイドから狙えるポジションにありました。この時間は列車の本数も減っているので、他の列車とかぶってしまう危険性はかなり低かったものの、最善を尽くすため東側の撮影ポイントを選択。

暗闇からぬっと出てくる電気機関車の勇姿は、ファインダー越しに確認できましたが、やはり夜間撮影のため、シャッターボタンを押してからシャッターが切られるまでシャッタースピードや、画質の調整に時間がかかりました。さらに、思ったよりも、貨物列車のスピードが速く、ワンテンポ遅れてしまった悔しさが綴られています。4Kフォト機能をしっかり活用するべきでした。

ちなみに、大牟田駅の北に行くと、夜遅くまでやっている繁華街があり、腹ごしらえに食べたラーメンの味はとても濃厚で忘れられない味となりました。

翌日も「銀ガマ」と会えると思っていたのは、鹿児島本線の鹿児島駅から門司駅の運用についた翌日も、鹿児島の運用に入ることがなんとなく予想できたからです。

鹿児島本線で会えるとヤマをはったのですが、日豊本線の延岡の運用に入ってしまったのは予想外でしたが、確かに先週日曜日は日豊本線入っていたような記憶もあります。

大牟田から日豊本線の延岡まで貨物列車を追いかけるには、新幹線と特急列車を乗り継いだとしてもギリギリ間に合いません。

「もう少し早起きして大牟田を出発していたら」「宿泊を小倉にしていたら」などの悔しさが今でも蘇ります。

南瀬高駅の近辺には田畑が広がり、踏切もいくつか存在するため、良いポイントであることが確認済でした。

駅北側の住宅側に行ってみたところ、撮影スポットとしてかなり絶好のポイントでした。踏切での撮影は、列車が接近すると、カンカンと鳴るので、心の準備ができることが利点です。

ただ、銀ガマが来ると推定された時間にやってきたのはEF81ローズピンク。肩の力がぬけて良い写真撮影ができたと思います。

筆者がなぜ、こんなにも「銀ガマ」に対して会いたい思いをさせているか。それはもう会えないかもしれないという不安によるものです。

これまでも「いつか会える」「いつか乗れる」と思って後回ししていた車両に会わぬまま引退になったケースも多々ありました。

さらに事態は急変しています。「銀ガマ」の後継機と目されているEF510-300番台がデビューしたのです。300番台を名乗り、銀色の塗色。これは近いうちに「銀ガマ」が本線上から姿を消すことを暗示しているに違いありません。

会えるうちに何度でも会っておきたい。何度でも写真に残しておきたい。そういう気持ちがときには過剰な感情となり溢れ出すこともあります。

「銀ガマ」にまた会える日が訪れることを、心から願うばかりです。

おわりに

本書を最後までご覧いただきありがとうございました。

環境問題、働き方改革、時代は今大きく変わりつつあります。貨物も例外ではなく、国鉄時代に生まれた機関車も代変わりの時期に来ています。

2023年は貨物鉄道輸送誕生から150年。大切な節目の年に、しっかりと掘り下げて研究したつもりです。いかがでしたか？

鉄道の歴史は物流の歴史、と言っても過言ではなく、貨物列車が私たちにもたらしてくれるものはあまりにも大きいと改めて感じました。

念願の吹田貨物ターミナル駅への潜入は、大変な貴重な経験となりました。「コキ研究」は自分自身の勉強になりました。

でも、まだまだ、貨物列車の魅力は掘り出し切れていないと思っています。

青函トンネルの貨物列車、九州の玄関口「北九州貨物ターミナル&門司機関区」、岩手開発鉄道、各地の臨海鉄道研究、タキ研究……。まだまだネタは尽きません。

ということで、「貨物列車マニアックス第2便」でまたお会いできることを楽しみにしております。

最後になりましたが、ご協力いただきましたJR貨物の皆様をはじめ、関係者の皆様、情報をお寄せくださいました皆様に厚く御礼を申し上げます。

追伸1
これを執筆しているのは博多ですが、本日もまた銀ガマに会うことができませんでした。しかもタッチの差で。今度は絶対会いましょう。

追伸2
この本のどこかに隠れているのは、かつてセノハチの後機として活躍したEF67。この作品もプッシュしてもらいたいです!

南田裕介（みなみだ・ゆうすけ）

株式会社ホリプロ スポーツ文化部 アナウンスルーム担当 副部長。1974年8月22日生まれ、奈良県出身。静岡大学卒業後、1998年ホリプロに入社。タレントのプロデュースをする傍ら、自身もテレビ朝日「タモリ倶楽部」、CS日テレプラス「鉄道発見伝」などの鉄道関連のテレビ、ラジオ、雑誌やYouTube、イベントにも出演。「鉄オタ道子、2万キロ」などドラマ作品の監修や、講演会の講師をつとめている。日本テレビ「笑神様は突然に…『鉄道BIG4』」の一人でもある。著書に「ホリプロ南田の鉄道たずねて三千里」（主婦と生活社）「南田裕介の鉄道ミステリー 謎を求めて日本全国乗り鉄の旅」（発売：山と渓谷社、発行：天夢人）など。監修に「東急電鉄とファン大研究読本」などの小社刊鉄道シリーズがある。

貨物列車マニアックス

アイ アム ア 貨物ボーイ！

発行日　2023年12月 8日　初版

著者　南田 裕介
発行人　坪井 義哉
発行所　株式会社カンゼン
〒101-0021
東京都千代田区外神田2-7-1 開花ビル
TEL 03（5295）7723
FAX 03（5295）7725
https://www.kanzen.jp/
郵便為替 00150-7-130339
印刷・製本　株式会社シナノ

取材協力
日本貨物鉄道株式会社
水島臨海鉄道株式会社
株式会社パロマ
向後スターチ株式会社
三岐鉄道株式会社
名古屋臨海鉄道株式会社
公益社団法人 鉄道貨物協会

編集協力
キンマサタカ（パンダ舎）

本文・カバーデザイン
二ノ宮 匡（nixinc）

DTP オペレーション
貞末 浩子

編集
滝川昂（株式会社カンゼン）

ISBN 978-4-86255-695-0
Printed in Japan
定価はカバーに表示してあります。

ご意見、ご感想に関しましては、kanso@kanzen.jp までEメールにてお寄せ下さい。お待ちしております。